U0960235

中国梦引领下的大学生创新教育系列丛书

走出象牙塔　文传创业之星

曾　瑜　主编

天津大学出版社
TIANJIN UNIVERSITY PRESS

图书在版编目（CIP）数据

走出象牙塔　文传创业之星／曾瑜主编. --天津：天津大学出版社，2016.7（2020.10重印）

（中国梦引领下的大学生创新教育系列丛书）

ISBN 978-7-5618-5596-6

Ⅰ.①走…　Ⅱ.①曾…　Ⅲ.①四川大学—毕业生—职业选择—先进事迹　Ⅳ.①K828.4

中国版本图书馆CIP数据核字（2016）第163200号

出版发行　天津大学出版社

地　　址　天津市卫津路92号天津大学内（邮编：300072）

电　　话　发行部：022-27403647

网　　址　publish.tju.edu.cn

印　　刷　天津泰宇印务有限公司

经　　销　全国各地新华书店

开　　本　169mm×239mm

印　　张　14.25

字　　数　290千

版　　次　2016年7月第1版

印　　次　2020年10月第3次

定　　价　32.00元

编 委 会

序
Preface

在“大众创业、万众创新”的时代潮流中，四川大学锦城学院作为一所将创业教育纳入教学课程的高校，备受社会关注。文学与传媒系（简称文传系）在打造技术型文科人才的过程中，注重培养和鼓励学生创新创业。在文传系已有的七届毕业生中，已经涌现出一批创业能手，他们是学院和系上创业教育培养的典范。文传系希望把他们的故事用文字记录下来，以此来激励更多的文传学子去创新创业。

全系师生集思广益，共同策划了这次采访。我们集聚一部分有一定写作功底的在校生，通过老师的指导，对已经毕业的创业校友进行追踪报道，了解他们毕业之后的生活轨迹，追踪他们在创业路上的成长历程，以此来检验我们的教学成果，最终编写出《走出象牙塔　文传创业之星》一书。

本书讲述了四川大学锦城学院文学与传媒系通过特色培养，培养出了一大批创业的优秀校友，他们代表着文传学子拼搏与进取的精神，代表着四川大学锦城学院培养的“应用型、技能型”人才及文学与传媒系培养的“技术型”文科人才已被社会认可，是学院“三练三创”实践教育的践行者。在这些创业的毕业生中，最早的已离开学校七年，在毕业后的这些年中他们经历了怎样的成长与蜕变，如今身在何处？居于何位？该书囊括了文传系2005级至2011级毕业生在创业之路上的发展状况和校内外的经历，记录了他们走出象牙塔之后的成长轨迹和心路历程以及他们心中、眼中四川大学锦城学院的十年。从书中，读者会看到一幕幕充满欢笑的校园生活场景，一个个温馨感人的同窗故事，一段段创业成长记和打拼史。优秀创业校友们的故事与经历也会影响采访的同学和读者，让他们开始思考大学的意义，思考毕业的去向——是就业还是创业。

2016 年，四川大学锦城学院将迎来自己的第八届毕业生，谨以此书献给文传系的创业校友们，这既是对他们创业之路的见证，也是对文传学弟学妹们的激励！

四川大学锦城学院文学与传媒系 编者

2016 年 1 月

目
录
Contents

第二编　感恩社会 投桃报李

01

走出象牙塔 文传创业之星

第一编

怀抱梦想 持之以恒

四川大学锦城学院（简称锦城学院）自建校以来，就将创业教育纳入全体在校生的必修课，着力打造“创业必修课+创业设计大赛+创业模拟经营+创业实体孵化+创业后续支持”五位一体的全方位创业教育模式。该校一年一度最重要的赛事——创业大赛，就是要求所有锦城学子在校期间必须参加的赛事。参赛学生通过自拟创业项目、自组创业团队、查阅资料并进行市场调研、撰写创业方案、参加创业大赛答辩，一路过关斩将，从分赛区 PK 直至进入总决赛。这一赛事对培养学生的创业意识和创业素质，激发创造能力和创新精神，增强社会实践应用能力具有不可替代的作用。

学校提倡“三练三创”实践教育。“三练”即吃苦耐劳意志训练、组织纪律与团队精神训练、职业素质能力训练；“三创”即创新思维、创造能力、创业精神。近年来，学校更积极顺应“大众创业、万众创新”的时代要求，进一步强化了对学生的创新创业教育，着力构建“全员、全程、全方位”的创业教育模式。

文学与传媒系始终坚持贯彻学校培养人才的理念。十年间，“文传学子”以激昂的斗志，不懈的努力，在创业的道路上不断披荆斩棘，继往开来。他们运用在学校学到的知识和锻炼的技能，在创业的道路上艰难跋涉。有的起初不被家人理解但却始终坚持梦想、怀揣激情，以创业的实际成效最终得到家人的支持；有的遇上资金困难、销售瓶颈甚至采购失误，吃尽了苦头，却能及时审视自我、认识风险、重新出发。他们历经艰辛后终于取得了一定的成绩。

四川大学锦城学院校长邹广严曾说过：“一个好的计划或设想，人们想到了不一定能做到，做到了不一定能做好，做好了不一定能坚持。只有那些想到了、做到了、做好了而且能坚持下去的人才会取得成功。”本编收录的就是这样一批能够坚持梦想的“文传学子”的事迹。

低调做人，高调做事

——访2005级行政管理专业“重庆雄式”家具店店主郭建春

执笔：2014级行政管理专业龚雪汭

指导老师：傅仕彬

2005级行政管理专业郭建春

在系主任毛建华教授眼里，他沉默寡言，腼腆认真，是毛建华教授至今无人超越的学生助理。

在班长李静娴眼中，他低调踏实，勇于承担。

在小伙伴的眼中，他成熟细致，人品极好。

他在毕业后有过一份安稳的工作，但心中的梦想始终指引着他走上创业的道路。

他就是郭建春，四川大学锦城学院文学与传媒系2005级行政管理专业学生，现经营“重庆雄式”家具店。

动车缓缓地驶入重庆北站，电话响起，“学妹你到了吗?”郭建春学长的声音在电话听筒中传来，温柔低沉。我猜想这个学长一定是高大帅气充满魅力的，在采访之前我也了解到学长现在正在经营家具店，于是我慢慢地在心里勾勒出一个成功人士的形象。学长告诉我他在出站口等我，我加快了脚步朝出站口走去，怀揣着一颗小学妹的崇拜之心，期待着与郭建春学长的初次见面。到达出站口我正四处张望时，突然有一个声音从身后传来，我回头一看，有一秒的惊愕，眼前的郭建春学长衣着简朴，离我所定义的成功人士有着一定的差距。

虚心学习，吸收知识

简单的寒暄之后，我与郭建春学长开始了交流。

作为锦城学院的第一届学生，他进入学校时，学校的道路都还在建设之中，心里对大学生活的期待和激动的心情，在那一刻被深深的失望所取代。郭建春甚至开始怀疑自己高中三年起早贪黑的学习是否值得。

虽然心情有短暂的低落，但郭建春很快恢复了信心，他相信在这片尚未被完全开发的土地上，自己一定能够有所收获。

大学四年，很多人在经历了高中的辛苦之后都松懈了下来，选择放松自己，让自己过上舒适无忧的生活。郭建春却没有丝毫的松懈。他在认真上课的同时也带领班上的男生整理复习资料给全班同学分享。“我做这些并不是要让同学们对我心存感激，我只是觉得大家能够有缘进入同一个班级，就是一家人，好的东西当然要和家人一起分享。”正因为人人心中都有这样一份信念，所以郭建春所在的班级是学院第一个获得四川省优秀班集体称号的班级。他说："在四川大学锦城学院，有最先进的教育理念；在文学与传媒系，有极具特色的管理模式；在行政管理专业，有最具凝聚力的团队。"

锦城学院从建校伊始就把"农场劳动"作为学生的必修课，同时，学院提出了"三练三创"实践教育。为落实学校的部署，第一届学生一进校，每个系都积极地开发锦城学院的农场。郭建春带领班上的男生主动承担起了文传系的农场开发工作。回忆起第一次到农场的场景，郭建春用了"荒凉"二字来形容。面对一望无际的荒草，年轻气盛的他并没有畏惧，挽起袖子就去拔农场的杂草，不一会儿额头上就冒出了密密麻麻的汗珠，心里开始慢慢地打起了退堂鼓。"小伙子，你这样拔是拔不完的呀！"一位老伯喊道，那是学校请来的农民伯伯。在老伯的帮助下，郭建春和同学们运用除草剂轻轻松松地清除了田间的杂草。

"那时候我明白了，不管干什么事情，都要掌握方法和技巧，也要多向有经验的人请教，这样才能事半功倍。"回忆起在农场里度过的日子，郭建春依然记忆犹新。

"我记得那个时候，基本上一下课就到农场里去，晚上也经常是在农场里进行'夜耕'，我们整整一个暑假都留在学校，到了收获的季节，我们看到满地绿油油的葱时，觉得所有的付出都是值得的。"在学校农场，在每日的劳作中，郭建春品尝到了收获的喜悦，也明白了只要付出，总是会有回报的。

"对了！还想起来一件事！"郭建春兴奋地说道，"记得有一年我们收获了蒜苗之后刚好遇上'五一劳动节'放假，于是大家都回家了，当我们收假返校回到农场的时候，田里剩下的大蒜已经踪影全无了。如果那批大蒜我们能够收获的话，会给我们带来很大一笔利润。从那件事之后，我就明白了，如果你选择了一件事，你一定要把它坚持到最后！"带着这样的想法，当初出于兴趣承担农场开发工作的郭建春将农场作为了自己的一份事业，还带领伙伴们制订了最初的农场运营方案，并在短期内就有了一定的利润。

大学期间的郭建春，还担任了系主任毛建华教授的助理，每天在毛建华教授还没有到办公室时，郭建春就已经打扫好了他的办公室，将文件整理归档，每日报纸也整齐地放在毛建华教授的办公桌上。虽然都是一些琐碎的小事，但是郭建春每天都完成得很好，至今毛建华教授提起郭建春的时候还是会竖起大拇指："这个孩子心思细腻，为人踏实，是我最好的一位学生助理，无人能够超越，我相信他不管干什么都一定能成功!"

忠于兴趣，大胆尝试

在大四，大家都在自谋出路、找工作的时候，郭建春已经得到了华西路桥集团的工作机会。初到工作岗位，郭建春周围的一切都是新的，新的环境让他充满了斗志，准备在这个全新的环境中大显身手。但是，渐渐地，郭建春却发现，自己的皮肤上总是会有一些小红点，有时候会让自己奇痒难耐，去医院检查后医生建议郭建春改变现在的工作环境。无奈之下，郭建春怀着依依不舍的心情离开了华西路桥集团。

离开工作岗位的郭建春回到了家中，一边帮忙打点家中的生意，一边等待痊愈之后寻求更好的机会。在家中待了一段时间之后，郭建春决定回到成都找一份稳定的工作。当时，他找到了一份销售员的工作。全新的行业和领域让郭建春有些不太适应，本身就有点内向腼腆的性格更是让他在工作之初处处碰壁。但是，不管遇到什么困难，郭建春从来都不让自己退缩。克服了种种阻碍，郭建春的工作慢慢走上了正轨。然而，在夜深人静的时候，郭建春躺在床上想："现在我得到的是我想要的吗?"他发现有一份稳定的工作，享受着丰厚的收入也并不是那么开心。在郭建春的心中，总有一个声音在指引着他。

时间总是可以让我们看清自己，除去尘世的浮华，留下最最真实的渴望。思考再三，郭建春向经理递交了辞呈，决定自己出去创业。经理看着这个意气风发的年轻人，语重心长地说道：“小伙子，创业是有风险的，你自己要考虑清楚啊！”“我现在还年轻，我觉得我应该出去闯荡一下，大不了失败了从头再来，不然我真怕自己到老了会后悔。”郭建春学长字字笃定。反对他的不仅有领导还有家人，但是郭建春依旧在自己坚持创业的道路上走得坚决而踏实。郭建春坦言，创业是自己一直以来的梦想，有很多同学都觉得他会朝九晚五地工作，家人也极力推荐他去考公务员，可是他觉得心里的声音一直告诉自己要坚持自己的梦想，趁年轻去大胆地尝试。

前路漫漫，求索不止

舍弃了一份稳定的工作，郭建春一心扑在他的创业梦上，经过多番调研和考察，他最终选择了做家具买卖。原因有二：一是当时房地产行业上涨势头强劲，做家具买卖能够有比较大的市场和广阔的发展空间；二是自己有家人正在从事相关行业，自己对家具行业也算得上比较了解。

定下项目之后，郭建春就开始为开第一家店做准备。他每天太阳还没升起的时候就走出家门，明月当头才归来，可能是心中有梦想，所以始终不觉得累。第一家店顺利开张时，郭建春激动得几天都没有平复下自己的心情。“我那个时候每天最兴奋的事情就是看到有顾客光临我的店面，不管那个时候累不累我都会立马跟打了鸡血一样为顾客讲解我的产品，不管顾客最后有没有购买我的产品我都会很开心。”

创业有风险，创业需谨慎。这一路走来当然不是一帆风顺。不管过去了多久，始终有一件事情深深地印在郭建春的记忆中。“记得有一天，我缴纳完店面的房租，全身上下就只剩下了一块钱。我关好店门走在回家的路上，热闹的人群从我身边不断走过，有开心热聊的闺蜜，有热恋中的情侣，也有和睦的一家人，大家说说笑笑，整个街上一片繁华，可是我觉得我与他们都无关。我走在暖黄的灯光下，一阵风吹来，我不由得往衣服里缩了缩脖子，捏紧了口袋里仅剩的一块钱，欲哭无泪。我在想当初的决定是不是错误的，我是不是就该去安安稳稳地工作。”

茶杯飘起来的热气在我的眼镜上形成了薄薄的一层雾，在雾里我仿佛看到了那个孤单行走在黄昏街头的郭建春。

“第二天我早早地就去开了店，坐在店门口等待顾客的到来。很幸运，第二天我接到了很大的一笔订单。我想，这应该就是天无绝人之路吧。”再抬头看看郭建春，扑面的自信好像点亮了咖啡馆里的灯光。就是这一份自信让郭建春不顾身边人的反对，一步一步地拥有了今天的成就。现在，郭建春的家具店经营面积大约350平方米，年销售额达到260万元。

我早就听闻郭建春学长人品极好，便与他聊起了在做生意过程中与顾客之间发生的事情。“我记得有一天，一位顾客突然在我快要关门的时候走了进来，在我这儿订了一批货，当时刚好快要过年，很多货都发不出来，当时那个顾客又要得比较急，在和厂家联系之后我亲自从重庆开车到成都，终于在第二天黎明的时候将那批货送到了顾客手上。其实我当时本可以拒绝他的，但是我觉得做生意还是要‘顾客为上’，我要尽我所能满足客人的要求，做人也是一样。”郭建春说，“自那件事以后，我就和那位顾客成为好朋友，那位顾客也为我介绍了很多客人。”我想，所谓君子之交，也不过如此吧。

谈起现在的生意状况，郭建春说：“我因为近年来经济呈下滑趋势，所以自己的生意也受到了一定的影响。现阶段不会考虑新项目，但是在未来自己可能会向农业和餐饮业发展。”锦城学院四年农场生活已经成为他人生中一段美好的记忆，所以他想继续在这方面有所发展。

郭建春提到，四川大学锦城学院是一所将创业纳入必修课的大学，自己当初能够毅然决然地辞职选择创业，也是因为在锦城学院每年举行的“创业大赛”的过程中了解了创业的必备条件，熟悉了创业的过程，所以在创业的过程中，郭建春学长并不是一片茫然、手足无措的，他运用自己在学校学到的创业知识和专业知识，对在创业过程中出现的问题有了有针对性的解决办法。郭建春说锦城学院的“三讲三心”明德教育让他真正懂得了感恩，在创业的过程中“文传”“责任”“光荣”一直占据着他的思想，这些思想也助他在创业的过程中收获了成功和友情。文学与传媒系提出“博学于文、奋斗于传”，在郭建春看来，最重要的就是要脚踏实地，全面发展，只有把每一步都走踏实了才能够展翅高飞。

谈及家庭，郭建春有一刻停顿，“其实自己选择在外打拼，这些年来，对家庭的关心真的很少，之前对父母没有很多照顾，反而是父母一直在照顾我，结婚以后，家务事也一直是妻子在打理，虽然我偶尔也会帮忙，但是妻子还要照顾整个家的人。有时候会有摩擦，但是我能够理解，家务事繁多琐碎，我又不能帮上什么忙，妻子承受了很多。”郭建春说自己能够拥有今天的成就，离不开家庭的帮助，最感谢的人是妻子。“创业嘛，不可能一帆风顺，像我刚刚给你讲的类似于身上只剩下一块钱的事情有很多，说实话，有时候我也觉得自己坚持不下去了，想放弃。每每在这个时候，妻子总会默默地鼓励我、支持我。在我最艰难的那段日子，每天深夜回家桌上总会有做好的夜宵和妻子留下来的字条，妻子的鼓励和家人的支持给了我很大的动力。”郭建春表示，在未来，他希望能够抽出更多的时间来陪伴家人。“我很少陪妻子逛街，也不会在她下班的时候去接她，希望我以后能够多和她一起去做一些事情，父母也一直都想抱孙子，我也想尽快满足他们的心愿。”家庭永远是郭建春可以依靠的港湾，在外他是老板，是员工的希望，在家，他只想做一个合格的丈夫、孝顺的儿子，以后做一个称职的父亲。这是郭建春一直以来的心愿。

合适的人在合适的位置

当我提出有没有什么建议给现在正在创业或者选择创业的学弟学妹们时，郭建春学长手中的杯子拿起又放下了，片刻的沉默似乎在酝酿一个完美的答案。他缓缓开口，说道："其实我觉得最重要的就是要明白你自己适合什么，现阶段很多人创业都只是想着能够拥有更高的收入，他们甚至都不清楚自己是否适合创业，选择的项目是否具有可行性。我觉得不管做什么，之前一定要想清楚是否适合自己，不应该盲目地跟随社会的脚步，要确立自己的目标，这样才能将自己想象成不断吸水的海绵，发挥自身无限潜力。其实我个人觉得最好是不要一毕业就选择创业，还是要去找一份工作，在做这份工作的时候慢慢为自己积累一定的人脉和经验，也能够有时间确定自己的想法和选择是否正确。"郭建春学长推了推鼻梁上的眼镜继续说："但是一旦你选择了一件事情，你就一定要坚持下去，创业初期固然艰难，但是还是要凡事亲力亲为。坚持到最后，就一定会有收获。"

采访告一段落，我的重庆之行也该画上句号了。郭建春学长送我到火车站，我转身挥手与他道别时发现，他身上散发着满满的自信和坚定。我想，这才是一个成功人士该有的形象吧，不在于拥有多少财富，而在于有梦想，能坚持，每一步都走得踏实。

他说，我只是完成了我分内的工作，主动地帮毛建华教授分忧；

他说，我只是想带领班上的同学一起把班级建设得更好；

他说，我只是想让身边的人和我一起合作，能够有收获。

他，就是郭建春。

看日出必须守到拂晓

——访 2007 级广告学专业 四川恒创天启文化传播有限公司总经理徐灿

执笔：2013 级行政管理专业詹盛奇

指导老师：杨骊

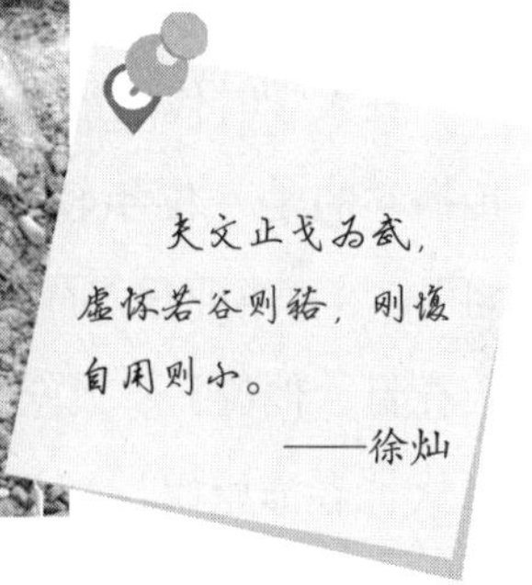

2007 级广告学专业徐灿

一天事毕，晚上九点多整理好思路，稍作歇息后，我拨通了徐灿的电话。本以为学长已经处于休息状态，结果电话那边听到的是："对不起，我在开会，稍后给你打过去。"在采访之前虽已考虑到徐灿可能会比较忙，但没有想到晚上九点多还在开会，不禁感慨学长创业的不易。之前从老师描述中听到的他，是一位活跃在众人面前的精英形象，面对困难总是云淡风轻，然而我们总在羡慕他们的成功，却总是容易忽略成功者们所付出的艰辛！短短数秒的通话后，我不禁一番感慨。而徐灿的创业故事也越发令人好奇了。

做广告就是做文学

初入锦城，徐灿的第一志愿并不是广告学专业，而是金融学。然而在报到之前，他的大学辅导员曾瑜老师打电话给他，问他是否愿意调剂到文学与传媒系广告学专业，年少的他听到广告学觉得这个专业会是个很好玩的专业，于是很爽快地答应了，真正接触这个专业以后，他发现比他想象的还要“好玩”。时至今日，想起那些老师和学校里发生的故事，他脸上都会浮现学生时代灿烂的笑容，他说很想再回到学校背上书包走进教室听一听自己喜欢的课。

在大学时代他最喜欢的课当属大众传播学，据他回忆，当时教授大众传播学的是一位年轻女老师——李春霞，他们亲切地称呼她为“春霞姐姐”。尽管毕业很多年了，但对于徐灿来说，当时上这门课的情景依然历历在目。他说：“大众传播学里包含了一些灰色概念，比如沉默的螺旋，可从‘春霞姐姐’嘴里讲出来就像鲁迅写白话文的效果一样，通俗易懂但印象深刻。”

徐灿回忆，在广告学专业的四年中，对于这门专业感触最深的一点就是“广告学不仅仅是做广告，而且还要做文化”。这一点在现在工作中体现得更加深刻。在他看来，广告不像营销、设计、制作等比较具象，而是整个资源的整合沉淀，而通过整理现有的资源完成各类策划方案，这就是他所理解的广告。在徐灿看来，广告不是单纯的技术，高端广告更是一种情怀与文化。

在采访过程中得知，徐灿对于广告学的理解大多来自于在锦城学院四年的刻苦学习。文学与传媒系系主任毛建华教授表示，“徐灿的此番理解是很正确的，这也是文传系在培养广告学专业学生中很重视的问题。广告学既需要深厚的文化底蕴，也需要过硬的技术水准。相较于传统职业技术学院来说，我们拥有比他们更加丰厚的文化底蕴；而相比较于985和211高校的广告学专业来说，他们的学术性很强，但是技术能力稍逊。可以说美术学院和职业技术学院他们可能是三七开，文化三成，技术七成。而川大是二八开，文化占八成，技术占两成，所以我们把文化和技术的优势结合了起来，变成了我们的优势。徐灿能够上升到这个层面，已经相当不错了。因为徐灿的技术能力很强，当时在文传系他的技术能力是数一数二的，而且他在学好技术的同时还能提出广告的文化部分，他已经上升到了比较高的层面，在这个问题上徐灿可以很客观地看待，他今后一定会走得更远”。

在赞扬徐灿大学时期专业技术能力强的时候，毛主任还回忆起徐灿在学生模拟广告公司“彼岸传媒”做第一期迎新手册的往事。虽然事隔多年，但是毛主任告诉我，他对那件事情的印象很深，带着疑问和好奇，我更迫不及待地想揭开这个故事的面纱。

坚持目标，敢想敢做

首次与徐灿面对面交流是在一个时间仓促的下午，那天他给我打电话说：“我下午有事会路过学校，晚上咱们一起吃个饭。”地点约在了学校附近的一家干锅店，一起吃饭的还有上一届文传系“彼岸传媒”模拟公司的总经理——徐鹏。徐鹏是文学与传媒系2012级广告学专业的毕业生，而徐灿是2007级的。这让我十分好奇他们是怎么认识的，徐灿说：“我和徐鹏以前都是‘彼岸传媒’的总经理，虽然我们隔了很多届，但是‘彼岸’的纽带性很强，即使大学毕业离开了‘彼岸’，我还是会经常关心它。”在说到“彼岸”的时候，我看到他眼神中流露出满满的骄傲。

怀着好奇，我问道：“在‘彼岸’的哪件事情对你而言印象最深呢?”他回想起自己大二的一段经历说：“当年2008级新生入校，‘彼岸’准备做第一期新生手册，为了做好迎新手册，我们整个团队暑假都在做准备，方案出炉后，因为资金不够，我们需要系里的支持，但是在内容和资金上，跟文传系系主任毛建华教授出现了分歧，甚至争得面红耳赤。最后我们固执地坚持了下来，保留了一些比较个性化的设计方案，然后自己拉赞助，完成了第一期发行。然而，等到活动结束后自己才明白，毛主任之所以那样做，其实就是想培养我们的独立能力，遇到困难找父母、找老师、找学校，其实都是不成熟的做法。要想完成某个事情，只有通过自己的努力，才能感受到成功的喜悦。”

当提及活动效果时，学长谦虚地说：“反响还算强烈，上了报纸，毛建华教授在迎新会议上表扬了‘彼岸’。”可他大学时期的辅导员曾瑜老师却说，当年迎新手册那件事情给她的印象特别深刻，因为之前她觉得徐灿比较腼腆，相比较其他学生来说并不是很活跃，而且在学习上和学生活动中不是很突出，但这件事以后她对这个“腼腆”的学生有了另外一种看法。她回忆，2008年新生入校时，徐灿刚担任“彼岸传媒”的总经理，打算做全校的新生手册，从方案到赞助都是他组织大家完成的，当时他们打算给全校新生人手一份。因为当时的资金有限，他们联系了一个残疾人印刷厂帮他们印刷，但是印刷完后所有的手册都是开页，需要自己完成对折整理工作。于是徐灿召集了“彼岸传媒”和班级里的二十多位同学来帮忙。可能是以前没有注意到他身上有这种潜在的特质，曾老师当时很诧异他可以发动这么多同学帮忙，惊叹他的号召力。后来他们找了一个教室，中午吃完饭大家就一起折新生手册，可折完之后毛建华教授说："都已经开学两三天了，团委都知道你做这个事情，他们做完都发了你们还没发，这册子已经失去了时效性。"但是他很坚持自己的想法，拉着曾老师去找毛建华教授，沉着冷静地告诉毛建华教授："团委的手册是参照我们做的，虽然有很多地方差不多，但是我们又修改了，并且他们只是地毯式地随意发放，效果很不好，而我们的手册是要到新生寝室去发，还有专门负责讲解的同学为他们讲手册的内容，同时向全校新生宣传我们文学与传媒系和'彼岸传媒'广告公司。"毛建华教授最后同意让他们去试一下，结果收到的效果非常好，大家对文学与传媒系印象更深了，而且更多人知道了文学与传媒系有个"彼岸传媒"广告公司。

在毛建华教授看来，徐灿是一个特别坚持自己想法的学生，很有主见。事情虽然已经过去了7年，但是在每年新生入学的时候，在迎新手册上依然可以看到当时他们制作方案的影子，手册内最经典的校园手绘草图被保留至今，成为了各系迎新手册不可或缺的一部分。而那次活动对于徐灿和他的团队都是一次很好的锻炼。"广告"不仅仅是只懂技术那么简单，做广告也要写得了文案、做得了策划、干得了营销，同时还要具备一定的口才和组织能力。徐灿在成长的同时也伴随着收获，在收获的过程中也促进了成长。大学就是这样，不仅仅是老师的一张课表，每个人都应该制定适合自己的"课表"，做自己想做的事情，坚持自己的目标，敢想敢做。

递交辞职书，开启创业路

大学四年匆匆而过，不经意间徐灿也将面临一个新起点，在学校曾经叱咤风云的他进入社会后会怎样呢？我在以前也想过这个问题，那些在大学四年中风生水起的学长学姐，毕业后会是什么样的呢？他们步入社会后能否在浪涛中找到属于自己的方向？

徐灿回忆毕业的时候，自己初出茅庐没有扎稳脚跟，恰好当时有一份还不错的工作，所以就先历练一下自己。现在徐灿回想起那一年的工作经历，说到在一个岗位安安稳稳做事情的时候，人的心会特别平静，对于目前想法是持乐观态度，可这样持续下去的结果就是自我麻痹。这种现象就像温水煮青蛙，当一个人被一种体制束缚后，他会顺着大的浪潮渐渐丢掉自己固有的想法。他当时的工作，其实也因为这种大的环境有所改变，可后来发生的一件事情让他受了很大冲击，最后毅然辞职开始了创业旅途。

2015 年 5 月 9 日锦城学院十周年校庆，他作为优秀校友回学校参加校庆活动。当老师请他起来发言时，原本自信从容的他发现自己站在台上很紧张，不知道要说什么，这与大学毕业之前的他形成了极大反差。他说，在脱离校园后，很久没有站在讲台上面对着这么多人，会很不适应那样的场合，在每天“三点一线”的工作环境下，大体会把你身上很多闪光点抹掉，随着时间推移，有一天你会发现自己除了工作其他什么都做不了。那天参加完校庆以后，徐灿与大学好友晚上聚到了一起，大家把酒言欢回忆学生时代，可白天在台上讲话的样子并没有被酒意冲散，讲台上模糊的身影反而更加清晰。整个晚上他都在想我绝对不能是这个样子，那我应该是什么样子呢？我又怎么改变这个现状？

那天晚上徐灿辗转反侧，最后做了一个很冒险的决定，放弃待遇优厚的工作，自己创业。

校庆一周后，他和一个合伙人成立了四川恒创天启文化传播有限公司。他说在公司创立之前自己也有了一些工作经验和人脉积累，所以可能在一个恰当的时间点，创业的灯塔照到了他这艘在大海中寻找方向的帆船。可是创业谈何容易，创业面临的第一个问题就是团队组建。在谈到创业伙伴的时候，他说，他们这个团队核心成员在他接触这个行业之前就已经在一起共事，当他提出创业构想之后，由他和另外一个合伙人共同创立了这家公司，其他成员后来在他们的号召下也参与了进来。和他一起创业的合伙人比他大几岁，大四毕业后进入了现在所从事的这个行业。当时这个合伙人是执行总监，他就隶属于合伙人的部门，这个合伙人对于工作的态度可以说是一丝不苟，对项目施工要求误差控制在 2 mm 内。曾经做一个项目，他为了保证原材料的质量，就直接在供应商厂里住了一周。这个合伙人身上这些特质让徐灿觉得他是一个可靠的合作伙伴。

谈到公司现在的经营时，他说："公司主营业务是为一些博物馆、展览馆、城市规划中心、企业文化中心等做项目，我们负责项目的设计和施工，面对的主要客户群体就是企业、政府、公共部门等。业务拓展和项目周期是目前发展面临较大的两个困难，因为面对的客户群体不是大众群体，所以业务拓展在基础上就受到了限制，只有靠我们自己细心挖掘潜在客户。在商业模式上，公司运营这些项目的周期较长，时间在一定程度上会限制公司业务发展。另外一点就是现在这个行业准入门槛越来越低，市场上出现了更多的竞争对手，越来越多的人会从有限的市场中分得一杯羹，这对一个成立不久的公司来说，将会是一场惨烈的竞争。"徐灿介绍，目前公司核心人员 7 人、固定合作的策划设计团队 2 个、各工种施工队伍 3 支、艺术创作团队 3 个、数字软件创作团队 2 个，各类制作团队若干。自 2015 年 9 月创办至今，公司已具备全面项目集成能力，与武侯区档案馆、武侯区图书馆、金融城投资管理服务中心、宜宾市档案局、宜宾市"赵一曼纪念馆"等单位都有密切合作，2015 年的运作项目总金额为 700 万元。

当问到有没有什么核心竞争力使公司在市场中站稳脚跟时，徐灿自豪地说到了他们的团队。他把进入这个行业以后所接触到的业内精英都凝聚到一起，组建了现在这个团队。由于都是行业内的佼佼者，每个人都有很强的性格特点，大家都在相互磨合，这期间徐灿自己的脾气性格也有了很大的改变。

徐灿说，公司发展到现在，这个团队可以说是公司最基本也是最核心的竞争力。虽然规模比较小，但是现在市场已经不是“大鱼吃小鱼”的时代了，而是“快鱼吃慢鱼”的时代，他们团队能够在保证项目质量、效果的前提下，以最优的价格和最快的效率完成整个项目。比如“赵一曼纪念馆”的基础装修部分，正常工期需要60天，但是我们仅用了40天就完成了这个项目，这其实不只是管理团队的努力，还有一部分是来自于施工方。和他们合作的施工队从来没有工期拖延和加班的情况，因为我们很注重与各工种施工队的沟通和协作，他们大多数是与我们合作过并且相互非常认可的施工队。我们在保证方案和策划最优的同时也十分注重方案执行和各方的沟通问题，这就避免了许多公司在施工问题上所带来的项目质量不高以及项目延期等问题。

在谈到后期发展时，徐灿说，公司如果按照目前的发展速度，随着规模不断扩大、业务范围越来越广，管理层级会不断增多。许多公司在发展过程中就是因为管理层级不断增多，从而导致结构臃肿。目前徐灿的公司也即将面临这样的问题，因此他制订了一系列方案来改善传统的管理构架和沟通方式。他说：“在沟通方面，我们为客户搭建了一个与我方管理层直接沟通的纽带，如果出现项目经理不能执行或者没有执行到位的情况，客户可以通过这个纽带直接与我们管理层沟通。而这样做的优点是，在出现问题时，我们管理层可以第一时间解决问题。关于项目的监管方面，每个项目的负责人会有直接对应的管理层，由公司管理层直接监管每个项目的项目负责人，安排好执行的任务，每天做日报工作并时时汇报进度。这样管理层在下放权力的同时也可以很好地了解到每个项目的进度。”

徐灿现在的工作虽然十分忙碌，但却让他觉得更加充实。而在与徐灿的交流过程中，我似乎看到了大学时期的徐灿，每天都期待不一样的精彩，每天都向往不一样的生活。

人生如棋，需全盘考虑

人生如棋，总是在与自己博弈。在大学时，徐灿凭借年少的锐气一往直前。经过了岁月的积淀，如今的他面对人生棋盘，更多的是从容淡定，统筹全局之后再布下棋局。棋如人生，不仅需要非凡的勇气，更需要沉稳的耐心与能伸能屈的韧性。面对我，徐灿说道："做人做事都要有韧性。"在与徐灿交流的过程中，时时都能感受到他的坚持与执着。

在 2007 年入校后，他结识了三个同是广告学专业的志同道合的好兄弟。在夏日一个凉爽的夜晚，一个兄弟从老家带来一瓶白酒，就坐在楼梯间，觥筹交错，醉意正浓，三人便对月夸下海口，各自要在短暂的四年时光里，在大学混出个名堂。四年时间匆匆而过，这三人都在各自领域获得了一定的成就，其中一人当上了学生会的副书记，另外一人当了学生会的部长，而徐灿当上了"彼岸传媒"广告公司的总经理。徐灿每每回忆起那个夜晚，都特别怀念青春年少时有过的想法、说过的话、做过的事，并且都为了自己的目标而不懈努力。

就像电影中说的那样，人还是要有梦想，说不定哪天就实现了。当我们即将步入而立之年，最重要的是深刻剖析自我，明白自己有什么，想要什么，并根据自身条件，制定短期和长期目标，而朝着目标不懈奋斗，说不定哪天它就实现了。

对于徐灿来说，当上"彼岸传媒"的总经理，算是完成他大学愿望的第一步。徐灿从 2006 级前辈手中接手公司之后，2007 级广告人励精图治，让百废待兴的"彼岸"走上了复兴之路。在公司的试运营期间，他便得知在锦城学院还有其他团体在做着与"彼岸"相同范围的业务。而当时的

"彼岸"经过新生手册的推广已然名声大噪，正是如日中天之时，哪里容得下半点马虎。针对同行竞争的局面，首先明确目标，然后通过营销、公关等铁腕手段在竞争中脱颖而出。徐灿说在往后的很长一段时间内，他对此事都心怀无比的愧疚和悔意。但市场原本就是一个充满竞争的生态圈，一家独大的垄断局面对于任何企业和个人都不利于其长久发展，而一叶障目、心胸狭隘则更是大忌。现在很多人都在卖情怀，但成大事者还需要胸怀，所以他更需要一个积极的心态和博大的胸怀。基于这一点，公司才能在错综复杂的市场中站稳脚跟。

他说，在项目运作和实施过程中会遇到各种情况，比如合作方耍心机、对方付款不到位、项目经理执行力不足、设计策划工作不仔细、工人闹情绪等。所谓"十个工程九个扯皮"，在与自己对手博弈的过程中，带着丁点情绪都会影响自己的判断，从而在角逐中露出破绽。徐灿还说，在宜宾项目的执行过程中，由于本身工期设计不合理，原本三个月完成的工期，对方要求在24天之内完成。虽然从始至终徐灿都做了口头和书面的情况说明，并在没用任何预付款的情况下努力推进工程进度，在短暂的时间内完成了大量工作。但是在项目完成之际，对方还是以"未在规定工程期间内完成项目"向他们发难。徐灿说如果按照以前的脾气和性格，那次会议将是一次拳拳到肉、真刀真枪的战斗。可经过冷静的思考后，他们结合实际情况，针对对方提出的每一个问题做了详细的备忘录。在当天会议中，他们采取迂回的方法，经过双方不断沟通与讨论，最终不但得到了对方理解，还解决了款项问题。

这件事使我不禁想到了大学期间的徐灿，是一个很坚持自己想法，认准了一件事情就必须做到底的人。在整理采访资料的时候，我一直带着这样的疑问，徐灿说"做人做事要有韧性"和"凡事不可强求，迂回即可"两者究竟是否矛盾。大学时期的血气方刚和现在的成熟稳重形成了鲜明对比，甚至可以说是判若两人。按照时间发展顺序整理完采访后，我找到了答案，两者并不矛盾，反而见证了他从大学到创业这个阶段的成长。他还是会将自己的想法进行到底，只不过方式更为灵活，心智更加成熟。徐灿说："如果是自己之前的性格和想法，宜宾项目最后的结局肯定不会是共赢，而是全盘失败。"

人生如棋，需要全盘考虑。大学是这样，创业亦是如此。从"彼岸"崭露头角到今天自主创业，从大学血气方刚到现在成熟稳重，回顾发生在徐灿身上的故事，我们看到的是他的成长，是我们许多创业大学生从象牙塔踏入社会的缩影，就像一颗锋利的岩石卷入到湍急的奔流中，七年之后水落石出，在岩石磨平棱角的地方浮现出绚丽的纹案。

星火十年有志男儿事竟成

——访 2007 级新闻学专业成都大画天下文化传播有限公司独立法人潘超

执笔：2014 级新闻学专业刘书宇

指导老师：周平

世上无难事，只怕有心人，让我们在充满挑战的未来，一路披荆斩棘。

——潘超

2007 级新闻学专业潘超

人总是无法摆脱先天的命运，可是也总会有人不甘心自己就这样被命运束缚，想要扼住命运的喉咙，即使是微小的力量也将它慢慢地积累起来变成用来与命运抗争的武器。四川大学锦城学院 2007 级新闻学专业毕业生潘超，正是一位敢于和命运抗争的人，即使生活给予了他无数苦难，他也坚强地站稳了脚跟。虽然没有宽厚的肩膀，没有无穷的力量，他也要用自己的双手去改变命运，从不退缩。

命运无情，用双手扶住梦想

“那段时光，本应该是享受生活的时候，自己却拼命地为了自己的学费、生计而不断努力，也许这是大多数人都不会经历的生活，但是我经历了，现在的我也感谢这段经历，是这段经历让我懂得了生活的不易，让我懂得了自己想要的生活需要通过自己的努力来得到。”潘超来自于邛崃市的一个小山村，自幼家中贫困，贫苦的生活让他在原本应该享受如温室里的花朵般被人悉心照料的年纪就已经学会自己主动去帮家里分担各种家务，如干农活、喂猪、除草、砍柴、担水等似乎不像是那个年纪的孩子应该做的事。

对于这些他只是笑着说道：“穷人的孩子早当家嘛，家里的条件不好这并不是我能控制的，我能做的就只有做自己力所能及的事来分担父母的工作。”即使再烦琐的工作他也从未抱怨过，而是把它当作是自己的责任，转而将那份对命运的不甘投入到学习中。正是这样一个非常困难的家庭，成就了他那样一份勤劳刻苦不甘落后的性格，让他学会了无论在任何方面都要成为一个有担当的人。

然而命运并没有眷顾这样一个勤奋刻苦的孩子，在高中的时候父亲经检查被确诊患上了坐骨神经损害和极度贫血症，完全丧失了行动能力，这样的消息无疑再一次给了这样一个贫困的家庭一个沉重的打击。面对身患重病的父亲和年事已高的母亲，他毅然地站了出来，让自己去撑起这样一个困难的家庭。慢慢地，他学会了在农忙时节请假回家帮父母收割庄稼，学会了更早回家为父母洗衣做饭，学会了帮父母分担更多的事情，因为他明白他现在是家中的顶梁柱。虽然劳累，但是他依旧没放下他的学业，努力学习，想要考入一所好大学。

然而，并不是一切都如想象中的那样一帆风顺，第一次高考理科综合成绩莫名的零分几乎击溃了这个男孩心里最后一丝希望，无限的挫败感和自责感如野草一般疯长。就在那样一个他几乎都要放弃的时刻，家中的窘境再一次警醒了他，无限的不甘心最后还是让他走上了复读之路。顶着家里人反对的压力他坚持下来了，成为那时学校中最早到课堂最晚回家的个人，日复一日，只为圆自己那一直坚持的梦想，只为换取那张和自己失之交臂的大学录取通知书。然而，就在他终于迎来自己第二次高考之际，也迎来了父亲病情加重已经住院的消息。在如此紧张的复习之余还要坚持去医院探望父亲，最后怀着五味陈杂的心情他第二次走进了高考考场。

一路走来，无数痛苦、压力都在自己的努力之下坚持下来了。在一次次的打击之后他学会了沉着冷静，变得更加成熟，学会了不屈不挠地追求自己的梦想，也正是这段特殊的经历成就了现在的他。

生活无情，用毅力创造希望

对于好不容易顺利度过高考的潘超来说，却没有像别人一样犹如解放般的假期。身为家中顶梁柱的他没有其他选择，所有打工挣来的积蓄也都拿去补贴家用。经过两个月的漫长等待，潘超终于迎来了那张珍贵的大学录取通知书，然而本应是满怀激动和感谢的他在面对自己的学费和家中病情日益加重的父亲时，那张通知书给他的却是更多的忧愁和压力。因为父亲的病，家中的积蓄早已花光，虽然家里人知道潘超终于考上了大学，但当听到那高昂的学费时都纷纷劝他放弃梦想，那根本不可能，而母亲也不停地劝说他停止求学。十年的寒窗苦读，为的就是那一张令人骄傲的大学录取通知书，如今真的要被现实就这样粉碎了吗？他不甘心，在反复地思考之后，他最后还是决定要完成自己的求学之梦。于是他开始想方法来凑齐自己的学费。他来到镇上的农村信用社，用各种方法贷款，贷了六千元，用这贷款加上自己好不容易凑来的钱来到了自己的大学。

“我当时为了学费真的算是煞费苦心啊，开始的时候自己找了一些借口去信用社贷款，但是即使贷了款，离凑齐我的学费还是差得远，于是我就自己跑到了教育局的办公室去求救。当时自己就亲自跑去和教育局局长谈话，给他说了我的遭遇还有梦想，之后又跑了差不多有四五次吧，最后终于感动了工作人员，教育局也决定单独给我一定的补助。有了那些补助，加上家里卖了两头猪大概三千元左右，再加上自己打工的钱还有向亲戚借的些许钱和一些亲戚发的红包钱，最后终于凑齐了我的学费，想到自己终于可以开始自己的大学生活，当时的自己感觉就跟在做梦一样。我一辈子都没办法忘记，那一天自己高兴得连觉都睡不着。”他如是回忆道。

生活的艰苦给潘超带来的更多是历练，让他学会在逆境中看清楚自己想要得到的并且为之奋勇向前。社会的磨砺让潘超更加坚强，工作的艰辛让他懂得了坚持，而家庭的责任更是让他学会了担当，这一切的一切都在促使他继续前进。

希望不灭，用艰苦雕琢青春

“对于大多数人来说，大学就是一个从以前拼命学习的日子中解脱的转折点，对于我来说那并不是一种解脱，而是延续我梦想的一个开始。”

因为家庭贫困，潘超仅仅带着一床床单、一个被套、几件衣服，就独自踏上了自己的求学之路。当他第一次到寝室，同学的父母都在帮着铺床，其中有各种床单床罩，而他就只有一床床单，他把床单往床上一铺就躺上去了，他到现在都没办法忘记当时室友用惊讶的表情问着：“你不铺床么?”虽然当时潘超觉得很尴尬，但是他还是很平静地回答道，自己喜欢睡硬床，所以这就是自己铺好的床。怀着一丝无奈，他还是就那样睡了，这就是他大学生活的开始。

然而在他觉得一切都开始慢慢步入正轨的时候，一通来自母亲的电话却打破了这一丝平静。电话里传来的竟是父亲坠河身亡的消息，潘超的内心防线再一次挨了重重一击。那一年，是他大学的开始，原本该有的美好在知道消息的那一刻消失殆尽。顿时，无数的辛酸苦楚一下子涌上心头，心中像是打翻了五味瓶一般，想要倾诉，却不知如何向人开口，只有自己默默地承受。这样的消息对于潘超来说无疑是雪上加霜，“生活就是喜欢这样给你开玩笑，在你意想不到的时候往你身上泼一盆凉水。”潘超这样说道。你永远不知道明天和意外谁先到来，所以只有更加把握住自己的现在，靠自己的双手去为自己、为自己的家庭撑起一片天。即使让命运开了这样一个玩笑，遭遇了这样的不幸，却还是没有让潘超放弃自己的生活和梦想，只是他更加懂得了自己要像个男人一样扛起这个家庭，坚持自己的梦想。

还是大一新生的潘超每天的早饭仅仅是一个包子或者一个馒头，中午和晚饭都只吃三块五的套餐，这样一天的饭钱仅八元左右。但即使这样，他自己的生活依然过得很紧张，为了让自己的生活可以继续下去，潘超决定在学习之余出去做兼职，赚取自己的生活费。

潘超还清晰地记得第一次在国美电器做兼职时候的状况，当时的工作是卖康佳彩电。那天早上，他正准备出发，突然发现自己身上连坐公交的钱都没有了，无奈之下只有向熟睡中的室友借钱，可是很尴尬的是室友当时也没钱了。那个时候大家都没有银行卡，大多数用的都只是存折，为了不迟到，潘超只有用室友桌上的硬币凑出自己去上班的车费和早餐费，大概不到十块。当时的早饭就是几个馒头，但是为了让自己能省一点儿，便再留了一点馒头准备当自己的午饭。可是就算这样，自己剩下的钱也不够回来的车费，当时他的想法是等自己先把该完成的完成了，实在没法就走回学校。不过幸运的是在兼职的时候遇见了以前认识的一个女同学，就在对面的长虹电器里工作，她很热情地邀请潘超一起去吃饭，他想原本应该是作为男生的他来请吃饭的，可是因为身上实在没钱，最后却很尴尬地找了一个理由说自己出门的时候忘记带钱包了。那个女生人很好，听到了潘超身上没带钱不但主动请潘超吃饭，而且还给了潘超回去坐公交的钱。

由于锦城学院坚持多方面培养学生综合素质，学校里的潘超不仅在生活上自立，而且在学校里也特别活跃。他十分珍惜这来之不易的学习机会，刻苦学习，锐意进取，积极参加校内各种活动，德智体全面发展。在大一学年，他曾在院学生会和系上的锦丰农场工作，同时被评为“锦丰农场劳动模范”和“优秀大学生”，在 5 · 12 汶川大地震中，被评为“抗震救灾优秀共青团员”，还曾任职系文传青年报副社长。除此之外，在 2008 年 7 月，他还与四川一览文化传播广告有限公司签约，根据《孙子兵法》思想，编著了一部青春励志书籍《孙子学院》，将自己的经历与心得体会融入这本书中，想要通过这本书来鼓励更多处于困境中的人，这本书已经在台湾地区出版。

一路走来，潘超懂得更多的是生活的艰难与不易，“回望走过的路，虽然举步维艰，但内心却时常感到振奋不已。人可以被打败，但不可以被打倒，要前进要发展，就会面临种种挑战。挑战与机遇相伴而生，只有敢于迎接挑战，才能把握和创造未来”。这些经历过的生活无论好坏，对于他来说都是珍贵的。

踏实坚持，用毅力抒写辉煌

创业的梦想在潘超还未进入社会之时就已深深地植根在心中，他说，“对于我来说，做一件事要么不做，要么就一定要将它做好”。在潘超心中，当他还没有具有一个创业者的坚实基础时，他决定先作为实习生进入水电五局机务公司综合部工作。由于部门人员调离，他一个人肩负起了两个职位的工作，从事文秘工作的同时也负责设备物资管理和安全生产管理。当时的潘超顶着工作的巨大压力却依旧见缝插针地寻找时间在外面积累经验，为自己的创业梦想做准备。“那个时候其实就是在外面白白地给人当助理，没有工资，可是我知道，我自己缺的就是经验，也没有任何资金来创业。所以对于当时的我，只有自己撕开一条口子，要知道成功是没有捷径的”。潘超不会放弃自己所选择的每一条道路，一旦决定走下去便不会轻易退出。经过了两年的无偿付出，工作与创业同时进行，潘超也收获了很多。工作岗位上的逐步晋升也让潘超慢慢地积蓄了一定的创业资本。在 2013 年，他渐渐开始自己接手工作室，开始着手处理外面的生意。同年 3 月，潘超被调任到机物公司新疆石门水电站材料供应部，担任材料供应部主任。在那段短暂的工作期间，虽然工作环境不如成都，但他还是一心努力工作，仍不折不扣地做好材料的及时供应与管理工作，努力搞好与业主方、供应商和运输商之间的协作关系，努力协调和解决工作中不断出现的断货缺货、运输车辆不足、恶劣气候环境导致道路不通、业主不配合等各种问题，摸索门径，坚韧不拔地克服各种困难，保障了材料供应工作的顺利进行。工作中的努力让潘超的能力不断地得到认可，正是这份认可，让潘超一直没有停下追逐梦想的脚步。

面对自己的工作，没有学过设备物资及安全生产的相关专业知识的他，在公文写作、秘书实务处理、设备物资管理、安全生产管理方面的知识量和能力都较为欠缺。为了尽快地转变角色，适应工作性质，他自我加压，钻研业务知识，通过 QQ 办公群主动联系兄弟单位的文书、设备物资管理员、安全管理员，通过多方虚心请教，学习、理解公司相关制度，并通过网络购买相关书籍进行自学。通过边学习、边实践、边改进、边总结，他的业务水平很快达到了相关工作的要求。三项工作同时做的时候，工作量大，白天上班时间就马不停蹄地忙于处理各种各样的具体事务，几乎没有一点儿闲暇的休息时间，下班之后便去寻找时间处理工作室的业务。为了确保完成各项工作任务，不拖沓，他责无旁贷地持续加班熬夜到凌晨两三点，第二天继续正常上班，绝大部分时间都在上班、加班、吃饭、睡觉中度过。这样的状态在大多数人眼中都是很难坚持下来的，可是潘超却认为，所有该属于自己的“甜”都是在“苦”过之后才能得到，所以自己便无所畏惧。

对于这样的潘超，他的同事也非常钦佩：“他那个时候总是工作到很晚，工作量也很大，因为他负责的事情是多方面的，可是我却没有听见他抱怨过什么，只是埋头干着自己该干的。”而这些在众人眼里很难坚持下来的事情，潘超最后都凭着自己的毅力坚持下来了。

“在我做出这个决定之后遇到过许许多多的坎儿，从开始进行这个梦想，到这个梦想成形，再到自己的梦想由小变大提升，一晃便是五年，也是时间见证了大画天下从无到有，由一个默默无闻的工作室成长为一个年收入 45 万元的公司”。做成一件事靠的不是别人，而是自己的能力，他明白将一件事做成功是很不容易的，经过五年的磨炼，让自己的专业能力变成了自己的核心竞争力。

这些工作和压力对于一个初出茅庐的大学毕业生来说是不容小觑的，但是对于潘超，就是在这样的高压环境下有更多的动力去坚持自己的梦想——拥有一家属于自己的摄影工作室。所以就算是在如此忙碌的生活中他还是会尽力抽出时间去外面学习，也正是因为有了这种压力他才能继续前行，可能现实让他暂时停留在了梦想的萌芽阶段，但是他还是依旧在找寻机会去实现自己最初的梦想。无论是工作还是生活，他都坚信着一切都会慢慢地步入正轨，向着自己希望的方向发展。

从2011年到2015年，为实现梦想而付出的努力只有潘超才能懂，凭着自己的毅力去化解工作上的难题，去积累创业的经验，每一条路也都是他自己的选择，每一条路都是他不会放弃的梦想。而在2015年来临之际，他不仅成为了水电五局年轻有为的科长，也终于成立了自己的正式的工作室——大画天下文化传播有限公司。“对于梦想这回事，要么不做，要么就一路坚持下来”。五年来坚持不懈的追逐，一路的风雨之后，他终于看到了那一道属于自己的彩虹。

“现在我说起以前也不感觉有多长远，可是也竟然有五年的时间了，就像常常听人说到的那样，多年以后回望以前，你会感谢那个曾经那样努力的自己”。虽然现在的潘超在工作和创业路上都有了一定的成果，但是对于他来说还有更加严酷的挑战在等着他，而他也会一直保持着这一份虚心与坚持，徐徐前进，一步一个脚印，让追逐梦想的历程变成自己人生路上最绚烂的风景。

潘超的勇敢和自强不息值得我们每一个人去学习，无论面临何种困难都不要放弃自己、放弃家庭、放弃梦想。每一次遭遇的难关都是走向成功的动力，在逆境中实现自己的梦想，凸显自我的价值。他的故事就像是在告诉我，阳光总在风雨后，渡过了那一场难熬的风雨，总会迎来那一道属于自己的彩虹。

在创业的路上坚守信念

——访2007级广告学专业四川贵合投资管理有限公司总经理张震寰

执笔：2012级新闻学专业尤子哲

指导老师：傅仕彬

2007级广告学专业张震寰

初春的成都，傍晚刚下过雨，空气湿湿的，带有泥土的味道。

在咖啡馆里，我见到了张震寰。他个子高高的，说话简洁利落，让人感到很自在，一副眼镜却增添了几分稳重。

张震寰，四川大学锦城学院文学与传媒系2007级广告学专业毕业生，现为四川贵合投资管理有限公司总经理。2012年年底，张震寰创办了四川贵合投资管理有限公司，公司集小额贷款、期货（股票）投资和培训、理财、担保以及信息咨询服务为一体。开业 4 年，业绩斐然。如今，公司规模已由刚开业时的 3 个人发展到 19 个人，其中包括了金融分析师、高级理财规划师、证券分析师和股票分析师等。在 2015 一年的时间里，光是私募这一项业务募集的资金就高达 2000 万元人民币。

我的校园　我的梦

2007 年的初秋，阳光大男孩张震寰背着背包，拉着满载希望的旅行箱，踏进了锦城学院的校门。作为锦城学院的第三届学生，他感到学校里的一切都是崭新的，他曾悄悄下定决心，要让自己的大学生活过得丰富多彩。

回忆起大学四年时光，张震寰说，大学里他收获的最宝贵的财富是担任学校学生组织和社团干部的经历。因为他在这段经历中学会了团队合作，懂得了作为一名学生干部真正的责任，更重要的是提高了自己的管理能力，为今后的创业奠定了坚实的基础。

张震寰依然记得在大学一年级时第一次报名参加学院学生会时的情景，在高中已是一名预备党员的他却出乎意料地被拒绝了。虽与校学生会干事擦肩而过，但这个阳光大男孩并没有气馁，继续报名参加其他的学生组织。没过多久，他顺利地加入了学院社会实践部，担任干事，并在文学与传媒系学生会担任主席助理和班级团支部书记。张震寰说，当他进入这些学生组织团队时，就下定决心从基础做起，认认真真地做事情，慢慢学习为人处世的道理。

大二时发生的一件事让张震寰印象深刻。那时，文传系举办感恩晚会，系上邀请了萧敬腾等明星前来表演。巨大的舞台搭在操场中央。那天晚上，学生会每一个部门都被分配了不同的任务。而张震寰的任务是配合学生会主席的工作，安排各个年级、班级学生的座位和防止意外事件的发生。晚会当天，操场上人山人海。晚会开始前，张震寰利用对讲机和主席及时沟通，可没想到的是对讲机声音太小，被舞台背景音乐淹没了。此时没有别的办法，张震寰只有依靠快速跑步来和舞台前方的学生会主席沟通工作。操场很大，张震寰跑前跑后累得够呛。晚会顺利结束后，张震寰的踏实负责得到了很多人的肯定。

2008 年 5 月 12 日，汶川突发特大地震。成都市离汶川县不远，为了预防余震，确保学生的安全，当天晚上，作为学生干部的张震寰在老师的带领下，组织学生们转移宿舍，把学生们安顿到更安全的地方。在这个过程中，张震寰不慌不忙，配合老师的安排，带领一批又一批的学生转移。当安排完最后一批学生时已经是深夜，就连张震寰自己也数不清带领学生们走了多少个来回。这时，天空下起了雨，为了在有突发情况时能够第一时间联系到老师，张震寰和另外几个学生干部轮流值班，露宿在操场边的帐篷里。看着同学们安全入睡后，张震寰脸上露出了欣慰的笑容，此刻他依然坚守在自己的岗位上，时刻待命。忙了一天的他没有丝毫睡意，因为他第一次发自内心地感受到作为学生干部的重大责任。

当采访到学生科科长曾瑜老师时，她说："我在张震寰身上看到了一种坚持和责任。他自信、乐观、活泼、率真，对为人处世有着自己独特的见解，这些都感染到了我们周围的所有人，并且他能遵守各项校纪校规，学习上也能保持着一种积极向上的姿态。在平时，他还积极参与各项集体活动，乐于助人。他总是保持着一颗上进心，也总会给大家展示一个更加与众不同的他。不管是做事、读书、做作业还是参加和组织各种活动，他总是保持着一份快乐的心情，不但自己开心，也带动周围的同学开心，是一个有影响力的学生干部。"

毕业时，张震寰对锦城学院恋恋不舍。他说：“我特别庆幸当初选择了锦城学院，学院以‘三大教育’‘四大计划’‘六个关系’构筑成的应用型人才培养模式，为我提供了良好的学习成长氛围和提升综合素质的实践性舞台。”

说到这里，他说锦城学院的“一体两翼”知识教育和“三练三创”实践教育也让他受益匪浅。这种知识加实践的教育模式不仅锻炼了他的组织领导能力，更让他在创业时多了一份竞争力。

再次游览锦城学院，莫名塘边竖立的孔子像时刻提醒着他勿忘传统文化。仁爱大楼里邹院长的那些寄语也鞭策着他在未来的日子里不断进步。

告别广告　转战金融

世界上没有做不到的事，只有不愿做的事。怕吃苦的人要吃一辈子的苦，不怕吃苦的人只吃一阵子的苦。

大学毕业后，张震寰找了份与广告相关的工作，可是没过多久就因为身体原因辞职了。过了一段时间，他去了康弘药业做行政管理，之后又卖过保险，还做过展馆策划。可惜这些工作都让他感到不满意。一次偶然的机会，学金融管理学的表姐鼓励张震寰去考金融学研究生，而他本身对金融行业也比较感兴趣，这个提议甚合他意。

在备考期间，张震寰全身心地投入到了专业知识的学习中。当我问到在备考期间是否有很大压力时，他说：“考研就是一个学习的过程，我之前从未接触过金融学的专业知识，刚开始的时候看那些专业书籍显得有些吃力。但我在大学时期的另一个爱好帮助了我，那就是阅读。大量的阅读培养了我独立思考的能力。当碰到看不懂的地方时，我就会用笔记本记下来，然后写出我对这个问题的解答。过后，我通过查阅书籍和上网搜索等方式，看专业的解释是什么，以此再来比较我之前的解答。久而久之，这种习惯慢慢提升了我对问题的解答能力，学会了从不同角度来看待问题。这样，再面对那些金融难题时我的思维就会特别活跃，能从不同的角度出发，解决这些问题。在锦城学院养成的晨读习惯更是帮助了我，虽已毕业，但我仍然坚持早起晨读，巩固前一天所学到的知识。这样一来，通过不断地重复让我对学过的知识牢记在心。”

虽然张震寰十分努力，但毕竟备考之前没有学过金融学，加之考研时间紧迫，他最终没能考上自己理想学校。虽然没有考上，但张震寰并没有感到灰心。此时他表姐又鼓励他一起创业。最终，张震寰在他表姐的带领下正式进军金融业。

2012 年年底，四川贵合投资管理有限公司正式成立。而张震寰从广告学专业跨行到金融领域，也面临着巨大的挑战。跨行业创业是十分困难的，想要成功，就要付出百倍的努力。张震寰至今都还记得刚开始创业时的那段艰辛日子。那时没有双休，每天早上很早就要到公司。由于公司刚刚成立，没有多少客户资源，所以他一大早就得开始跑业务，寻找客户。中午不能回公司时，他就在外面随便吃一点午饭，下午接着跑。有时候，他要去外地出差，一连好几天都不能回家。当白天繁忙的工作结束后，晚上回到家还要继续学习金融学的专业知识。艰辛的创业让张震寰越来越坚韧成熟，对金融行业的兴趣也越发浓烈。在面对各种困难的时候，他常常想起自己的大学时光，那时，他在做学生工作时也会遇到各种意想不到的困难。然而困难就是这样，见得多了，解决得多了，困难也就不那么困难了。

一年后，张震寰表姐因为家庭原因离开了公司。那时，公司员工团队已经扩展到了十多人。员工管理、资金周转、公司发展等所有的事情一下压到了张震寰肩上。那时，张震寰虽然承受着巨大的压力，但他没有放弃，带领着团队克服了一个又一个困难，不断在失败中吸取经验和教训，探索出了一条生存发展的道路。

当谈到让他最有成就感的一次合作项目时，他说："那是我接到的第一个大单子，大约1000万元的投资。客户是一位上海人，想要炒股但是又不具备炒股的专业知识和技能。为了得到客户的信任，说服他来我们公司投资，我打了很多次电话，还跑到上海去和他见了面。最终，在我的软磨硬泡下，客户被感动了，同意在我们公司投资。"

在笔者问到谈单有没有什么诀窍时，他说："其实，谈单子并没有什么诀窍，只要你坚持不懈，持之以恒，总会感动你的客户。如果硬要说诀窍的话，那就是以诚相待。以诚相待是我与客户合作的基本前提，每一次合作之前我都会真诚地把我们公司的核心业务以及核心价值观传达给客户，让客户认同我，认同我的公司。既然是合作，那么讲究的就是双赢。公司的信誉是我的制胜法宝，不仅这样，做人也要讲信誉。金融行业经营的就是风险，风险控制是我们公司的核心竞争力，保证客户的资金安全是头等大事，我们必须对每一位客户负责。"

2015年是中国经济相对困难的一年，也是公司大起大落的一年。上半年股市暴涨，张震寰的公司收入可观。然而从下半年开始，股市就变得很不稳定了。张震寰说："平时的话，上午股市九点半开盘，十一点半收盘，下午股市一点开盘，三点收盘，再做一下客服资料维护差不多六点就可以下班了。但在2015年下半年有一段时间，股市暴跌，上午九点多股市就停止交易，一天都不用工作，因此，公司受到了很大的影响。在2015年期间，很多同行因为风险控制不够谨慎而导致资产负债，最后宣告破产。幸运的是，我们公司收支平衡，没有太严重的损失。"

在谈及公司现在的发展瓶颈时，张震寰说："目前，因为我们的公司规模不算大，所以对于人才的需求是特别迫切的。公司金融分析师的年龄大多数在50岁以上，而做销售和行政管理的员工基本上是90后，较大的年龄差导致了公司部分员工队伍的不稳定。因此，我也在积极地与母校联系，每年都在母校的毕业生中招聘一些实习员工和正式员工，希望能够找到真正的人才。”

对于今后公司的发展规划，他说，今后希望公司能将一部分虚拟经济转化为实体经济。但是，具体转移到哪个行业现在还正在规划中。

张震寰从广告学转行到金融行业是他对人生的一种挑战。他说“有志者，事竟成”，一个人无论从事哪一行业的工作，都要对这份工作保持长期的热情和努力。

初为人父　成就幸福

父亲，是张震寰的另一种身份与成就。

张震寰在当爸爸之前把所有精力都放到了工作中，每天都为工作的事情忙得不可开交。如今，他已为人父两年有余，从阳光大男孩变成了一名男子汉，懂得了家庭的责任。

“每次繁忙的工作结束后回到家，只要听到孩子的欢声笑语，我就会觉得所有的付出都是值得的，为了孩子也为了这个家，我会努力成为一名好爸爸，一名好丈夫。”张震寰幸福地说。

张震寰正在为他的梦想而努力奋斗，在他创业的人生道路上坚守着那份执着和信念。回到校园，我仿佛看到了那个正在追梦的大男孩。同时祝福每一个有梦的你，都能梦想成真。

心有猛虎，让平凡变成非凡

——访2009级新闻学专业川西之子文化传播有限公司合伙人萧遥

执笔：2014级新闻学专业刘书宇

指导老师：周平

You only live once，人生只有一次，让你的梦想在这短暂的人生中熠熠生辉。

——萧遥

2009级新闻学专业萧遥

拉开红色的幕布，所有的灯光渐渐熄灭，在黑暗的寂静里或许你能听到一个人的呼吸。他没有华丽的外表，也没有耀眼的妆容，他没有万人的敬仰，也不是台前的巨星，他只是站在他的位置，做着他喜欢做的事。那些曾经打动过我们的视频中或许有一个就是出自于他之手，他没有过多的浮夸和炫耀，但是，他却创造出了那一片属于他的天空。他不轻易与人分享他的成功，正如他不轻易向人说起他在那片黑暗与寂寞中默默付出的努力。但是踏实总是有回报的，那些优异的成绩，不朽的事迹都是他成功的标榜。兴许在茫茫人海中他不是最耀眼的那个，但他一定是最努力的那个。他，就是四川大学锦城学院文学与传媒系 2009 级新闻专业毕业生萧遥。

前进的路——从抒写梦想开始

有梦想的人身上总是充满无限动力。邹校长曾经说过一句话：“有些事很多人想得到但是不一定能做得到，做得到但是不一定能做得好，做得好但不一定能坚持，只有想得到、做得到、做得好并且能够坚持下去的人才能有自己的成果。我想机会总是会眷恋那些有想法的人，但是有想法却不去做那同样等于零，所以想法也得建立在实践身上。我觉得我自己可能就属于那种有想法并且还有信心去尝试的人吧，因为觉得自己骨子里还是带有一些不安分，总是怀有一腔热血感觉自己有拯救世界的能力，所以对于别人都担心的事情自己总是多一点勇气去做出来。”在萧遥的世界中可能没有停滞不前这个选项，他自己的每一个想法都是促使他向着梦想前进的动力。

初来乍到的萧遥就像是一抹活跃的色彩，刚刚进校的他就有了很多对于自己未来的想法，他就像是一棵渴望成长的小树，向往着更广阔的天空，而大学正是让他成长的那一片沃土。从大学第一个学期开始，他便尝试了许许多多的事，积极地去接触许多事物，在第一个学期就成为了班中第一位班长。而在大学里他第一次勇敢的尝试便是在锦城学院老师们的指导下创立了文传电视台，这个组织至今都还存留在文传系。“记得当时是因为拍了一个关于过年的小视频，老师们觉得特别有创意，赞不绝口，于是自己和几个小伙伴就在众多老师的鼓励下创建了这个平台”。当时的萧遥也是怀着一腔热血，在想到的同时就把它做出来了。那时，在得到了毛建华教授的大力支持之后他自己更是信心满满，本着锦城学院“三练三创”思想，想要将这想法进行下去，最后就成立了文传电视台。萧遥也成为了第一届文传电视台副台长。自己还是大一新生的时候，他便开始招揽同届的学生来加入自己创立的文传电视台，对于当时的萧遥来说心中还是有一丝丝自豪的。当初成立电视台的时候也是这个组织最有名的时候，就像文传倡导的模拟公司制度，文传电视台像是他创业梦想的雏形，随着时间的流逝，这个梦想也将愈发地膨胀。

随着他对学校和大学生活的熟悉程度越来越深，尝试的事情也变得越来越多。在大二的时候萧遥便主张成立一个摄影工作室——熠城，主要业务是婚庆活动的摄影工作。对于刚上大二的萧遥，这样的机会对他来说无疑充满好奇与挑战。“当大家还在学校里相互比拼的时候，自己已经站在社会中与其他的各行各业打交道了，对于当时的自己还是比较有成就感的。也是因为将自己放在了社会中，所有的比较都变得不一样了，虽然那段时间也苦，但是我也愿意在苦中作乐，因此自己的专业技术也在这一段时间突飞猛进”。他告诉我，大学就是一个“低成本试错”的阶段，在那一段时间要勇敢去尝试你未做过的事，不要过多地担心自己是否会跌倒，即使输了也不怕，只要自己能够从所做的每一件事中得到自己觉得有价值的东西便是值得的。

他的辅导员谢璇老师说：“萧遥作为2009级新闻班的班长，对各方面的事情都特别感兴趣，所以做事都特别积极，他提出的想法，最后你总能看到他特别努力地把它做出来。”谢老师还说他对于自己想要的东西总是特别执着，虽然他有些时候会觉得比较没底气，但最后他总是会通过自己的努力让自己认可自己，并且再让别人刮目相看。

勇往直前——让实践为梦想加分

大学中的人总是清醒而又迷惘，其中总是不乏拥有梦想的人，但是却缺少愿意为梦想去奋斗的人。在世间物质的诱惑之下，能坚持自己的梦想绝非易事。梦想之于人，是一种信仰，一种前进的标志，可是现实却削弱了人们对梦想的希冀，让人在不经意间选择了放弃，让自己独自一人停滞不前，来回徘徊。但是总会有这样一种人，他们将梦想看作是栽培一棵树，这棵树有生命，不能被轻易放弃，不能没有人照顾。

“我有一本书，是由王小波所著的《一只特立独行的猪》，让我印象比较深刻。书中的主角只是一只猪，但是却充满个性，不仅不听从人的安排，还无所畏惧。当时我读完之后就特别佩服这只猪。人也好，动物也好，都很难改变自己的命运，但是想让自己的青春过得无怨无悔就要有勇气去挣脱命运的束缚，这样自己才有被记住的价值。也是这样一个故事一直鼓励着我去做自己想做的事”。大三的时候，一直在实践方面很活跃的萧遥因为一个很偶然的机会被自己的学姐欧阳雪雪推荐去加入了一个阿坝州拍摄的摄影实践团队，团队中每一个人都是来自不同地方的技术人才，在那个团队中他还结识了一位对他的未来影响很大的人——苏缔光，一个有能力、有梦想的青年藏族小伙。当时萧遥就是和他还有另外四个人一起接手了一个关于拍摄文化纪录片的项目，名叫“文化新生”。

当时，因为这个项目，萧遥在阿坝州待了将近一个月，那里的条件算是特别艰苦的，而且在去的路上经常遇见山体滑坡事故。拍摄关于当地文化的纪录片，需要每天去不同的地方采集，因此只有在那里长期驻扎。那一个月对于萧遥来说真的收获了很多，那也是他第一次接触像这样面向社会的项目，许多方面都比自己在学校中接触的成熟很多，而且在经历那一段共同奋斗的日子之后，萧遥和苏缔光建立了深厚的友谊。但是这个项目却在许多外界条件的限制下搁浅了。

虽然遗憾，但是那样的一段经历对于他来说还是异常宝贵的，第一次和值得信赖的伙伴一同去创造，尽管结果不尽如人意，可是那一个月也是让萧遥燃起创业梦想的转折点，让他更加清楚自己想要什么。现在的他提及那一段经历也满是笑意，虽然那个项目并没有取得太多的成果，但是大家心目中都留下了关于“川西”的火种，不曾熄灭，他相信，只要在合适的时间一定会大放异彩。

在大四的时候，大家都纷纷去实习了，当时萧遥心中也有着许多的想法，通过自己的好朋友苏缔光的介绍，他决定去参加北京太平盛世影视广告有限公司的面试。面对那样一个由来自于各个专业院校的毕业生组成的大规模正式面试，即使是一向勇敢无畏的萧遥也开始担忧了起来。所幸的是即使背负着许多压力，他最后还是在众多人才之中脱颖而出，得到了这份工作。“当时在北京的日子其实真的挺艰难，自己在入职之后第一个工作就是做康师傅香辣牛肉面的广告，第一次进片场特别地紧张，怕自己的专业知识不如其他人，不能够好好地完成工作。不过我认为我自己和别人最大的不同就是我特别能吃苦，所以即使害怕我也踏实地去做好每一件事，通过各种方法从每一位同事的身上学习经验，从而将这些经验慢慢积累起来”。第一次工作面对的便是长达 48 小时的广告制作，两天下来他仅给自己留了 3 小时的睡眠时间，然而这一切的劳累都在得到大家的肯定之后烟消云散了。对于萧遥，他的天空应该是更加广阔的，这样一份工作带给了他许多可贵的经验，但是这样一条可以看清自己未来的路也并不是他真正渴求的。“你要对这个世界温柔一点，因为世界只有那么大，如果现在的自己就完全知道了自己的未来，那以后的日子岂不是没意思？我以前的梦想一直是环游世界，但是也是因为这样一段话，让我觉得我自己应该放慢自己的步伐，给未来留一点未知去体验。”这一段话就是他内心的写照，也让他更加明白自己想要什么，带着这样的觉悟，萧遥最终回到了四川，真正地以自己的名义去做自己想要做的事情。

辗转反侧——正视内心的过程

在大学生涯中，一次又一次不同的体验让萧遥受益匪浅。回到成都的萧遥经过了一番思想挣扎，他开始接触“爱思青年”。2012 年的那个跨年夜，萧遥和一群志同道合的年轻人在三圣乡的火盆旁，许下了新年的愿望。青春的火光映在年轻的脸庞，梦想伴着火苗一起燃烧。他正式加入了一个名叫“爱思青年”的组织，一个以做慈善活动为主，面向社会有志青年的公益机构。“大多数毕业生都充满着迷茫，我却很幸运地成为了‘爱思青年’这个团体的一员，知道了自己的方向。跨年会的一句分享让我到今天仍记忆犹新，‘一粒麦子若是死了，仍是一粒。如果落进地里，就会结出很多果实’”。也就是在那一刻，这粒麦子便开始悄悄地发芽了。

“爱思青年”组织的目的是为了抒发青年思想，进行行动倡导，通过思想的碰撞，最终摩擦出绚烂的火花。也许对于一个大四即将毕业的学生来说寻一份实习工作更加安稳，但是萧遥则更愿意将自己甘愿拼搏的思想分享给更多的人。所以即使是公益组织，萧遥也愿意成为其中的一份子，为社会上更多的人献力。看到“爱思青年”在大家共同的努力之下的成长足迹，萧遥内心已经满足。

2012 年 7 月，“爱思青年”开始筹备活动，当时萧遥与小伙伴一起紧锣密鼓地筹备思想聚会：活法。思想聚会也是第一次在这么正式的场合举办，紧张之余更让他充满了种种兴奋。萧遥的工作是视频宣传，从开场视频的制作，到会议期间演讲视频的拍摄，萧遥都能够轻松胜任。思想聚会结束后，在后期制作的同时与同伴一起前往雅安，开始策划这个项目的执行方式。第一次实地考察结束后，萧遥有了一种强大的受挫感，不知道该如何去做。但其实很多时候困难是越想越难，如果真的放手去做，就会发现，其实没什么大不了。11 月中旬《雅安故事》终于制作完成，正式上线。梦想有时并非遥不可及，也不一定要轰轰烈烈，2012 年跨年时曾许下的心愿——要制作出一部有点水准的作品。当心愿一步一步完成时，所带来的成就感不是金钱可以满足的。《雅安故事第一期：刘远明校长》上线后，好评不断，获 5 万点击率，甚至被优酷纪录片首页推荐。经过一个月之后，光环终须归于平淡，萧遥放下微不足道的成就，重新上路。一月之内，他上旬准备思想聚会：教育之道，中旬处理后期制作，下旬开始剪辑团省委公益行的宣传视频。当时“爱思青年”的实力已得到认可，团省委的活动，基本由“爱思青年”的伙伴来承办。

在经过一年与“爱思青年”的同进退之后，萧遥在社会上也结识了许许多多与自己志同道合的伙伴，虽然他很喜欢这样可以每日接触不同群体的人的生活，可是这终究是一项公益事业，并不能成为自己的正规事业，不能给家里一个交代，所以最后他暂时退出了“爱思青年”，找了一份正式工作。

“当时自己其实也是特别想证明自己有能力去做自己想做的事情，之后应聘上了厦门金牌橱柜的企划经理。其实我每次做出一个重大决定的时候我都挺怕的，即使应聘上了这个职位，但因为当时挺没底气，所以自己就买了很多的书，想要充实自己的专业知识，毕竟这对于我来说还是一个全新的世界。”萧遥花了三个月的时间，让自己从完全不懂这个行业到熟悉了这个行业的各个方面，他自己的担心，也通过最终的努力消除了。

“我可能天性就不适合这样一个安分规划、行走缓慢的工作。”工作了半年，虽然他的才能一直被大家所认可，可是他并不希望自己因为这样一份工作而束缚了自己的想法。这样的想法被人看好也好，不被人看好也罢，在萧遥的心中并不重要，无论重复多少回，他依旧会选择自己想走的路。

创业之路——让思想熠熠生辉

萧遥并没有留给自己停滞的机会，几经辗转，走过许多不同道路的萧遥更加明白创业才是最适合自己的道路。在那时，他再一次接收到了一位在美国读书的朋友的呼唤，这位朋友很有实力，也有梦想。2012 年便在美国成立了一家公司——优创智汇，一家为企业提供数字化解决方案的公司，在 2014 年正式落户成都。而有实力的萧遥也正是他这位朋友心中当之无愧的合伙人之一。听到朋友的创业想法与各个准备项目，萧遥心中满是激动，像是看见了又可以重燃梦想的机会，在与朋友仔细商谈之后，并在朋友回国的第二天萧遥便与另外一位合伙人辞去了工作。

优创智汇主要向企业提供数字化整体解决方案，包含高端网站建设、品牌数字化整合、微信社交媒体运营、视频数字创意设计等，是一个面向国际的平台。作为自己第一次创业的项目，这家公司相当于萧遥的“孩子”，萧遥想要用心去做好公司，可是即使是再用心也会有意外发生的时候，如工作中遇见的困难、刁钻的客户、合伙人的不理解等，他曾经有过怀疑自己的时候，有过许多失落的时候，有过想放弃的时候，但是他都坚持下来了。“那段时间，做得最多的就是熬夜，每天晚上都要连夜工作，即使是这样工资也只有一般员工工资的一半，不过想着只要熬过来，成为自己的骄傲时，我就觉得心甘情愿。但是不是所有的事都能像自己想的那样完美，有那样一次，也许是觉得自己背负的太多，也许是突然觉得自己能力不足了，自己在床上就那样放声大哭起来，这是我从来没有在任何人面前表现出来的。自从自己懂事以来，我从来没有流过眼泪，因为觉得没有什么是值得可哭泣的，可能正是自己太过重视这个项目，所有的压力铺天盖地地袭来，所以就没忍住。”那时的萧遥即使心中再压抑也不会向别人表露出来，默默地熬过不知多少个夜晚，可是再勇敢的硬汉心中也会有柔软的一角，但是他只会将这份柔软表现在黑暗中，让黑暗带走这份脆弱，留给大家的依然是自信坚强的萧遥。

即使是用心也不能百分之百地换回一个好结果，后来优创智汇的合伙人之间发生了分歧。可是萧遥并不服输，既然没有办法统一价值观那就自己单独去闯，坚信在哪儿都是凭实力说话的。于是萧遥便渐渐地退出了优创智汇，随之而来的便是他的第二次创业。

中止了优创智汇的创业后，萧遥并没有放弃自己，而正值萧遥有着强烈创业欲望的时候，和他结下“川西革命情谊”的苏缔光开始不断邀请萧遥加入创立川西之子文化传播有限公司（简称：川西之子）的团队。萧遥毫不犹豫地答应了，这一曾经消失的“川西”火种再一次燃烧起来了。事实证明，萧遥最终找到了与自己志同道合的伙伴。对于萧遥来说，川西之子就像带着一股神奇的魔力，作为一个公司它的前途是未知的，但它的创意是无限的。在萧遥二次创业的时候，他看见的更多的是希望与激情，无论是那曾经的革命友谊还是现在共同拼搏的热情，都是他前进的动力。川西之子文化传播有限公司作为一家后起之秀，在创业之初便吸引投资人一、二轮斥 80 万巨资来运营，在 2015 年成立之时便备受媒体关注，将川西地区特色的农产品与“互联网 +”结合的想法广受好评，仅在创业前期便得到许多有名投资人的经济支持。而在这样一个充满想法与创意的温床上，萧遥也将始终保持着那一份对梦想的执着，走上最适合自己的成功之路。

正视前方——将创业进行到底

创业在萧遥看来就是一条充满各种荆棘的道路，没有一路顺畅的说法，可是他天生爱冒险，坚持用饱满的热情去迎接未知的挑战。最让我为之动容的是他的勇气及不安于现实的冲劲。他那句“You only live once”（人生只有一次）让我恍然大悟。确实再伟大的人也只有一次生命，与其唯唯诺诺、规规矩矩地活着，不如“放任”自己去世间“逍遥”一回，想自己从来没有想过的事，做自己从来没有做过的事，让自己活出自己的风格。

从迈入锦城学院的校门到现在，萧遥踏入过太多从未涉及过的领域，担任过太多他认为做不好的职务。现在回忆起以前的种种，难忘的经历太多，收获的也太多，因为这些经历他的人生才得以如此丰富。作为90后的先锋队员，一路走来，稚嫩蜕变为成熟，冲动沉淀为稳重，少了一份不羁，多了一份责任；少了一份年少轻狂，多了一份老成持重。他会一直追逐着自己的梦想，不会轻言放弃，他会一直站在自己的位置上依旧做着自己想要做的事。

优秀是一种习惯

——访2009级行政管理专业草原清汤鲜黄牛肉养生汤锅店店主肖林锋

执笔：2014级行政管理专业李佩蔺

指导老师：霍岩

2009级行政管理专业肖林锋

他是锦城校园里的风云人物，学院里的金牌主持。

他是动静相生的才子。书法、写作、音乐、舞蹈、运动交织着，在他的人生舞台上大放光芒。

他是“优秀”一词的集大成者，更是“止于至善”的现实典范。

他在通往成功的道路上，穷且益坚，不坠青云之志。

“我们奋力前行，小舟逆水而上，不断地被浪潮推回到过去。”这是《了不起的盖茨比》里的结语，更是他的缩影。

肖林锋，男，26 岁，毕业于四川大学锦城学院文学与传媒系 2009 级行政管理专业，目前就职于中铁第二勘察设计研究院党群工作部，中国硬笔书法家协会会员，四川省硬笔书法家协会副秘书长，成都市书法家协会会员。同时，他还利用业余时间开办了一家养生汤锅连锁店。

在校园里，他是历届新生的模范。在工作中，他则飞速蜕变成为脱离象牙塔后不可多得的实践型人才。对于全新而又陌生的商业领域，他更是用他的智慧和不服输的精神，成为成功创业的典型。创业短短一年内就分别在双流、绵阳两地开设了三家分店，目前发展势头良好，而未来预计以加盟形式不断扩充分店数目，也将在原有基础上进行营业模式的全新升级和突破。他从未疏忽过任何一个细节，也未曾对自身有过一刻懈怠。不困于旧的光环，不畏于新的探索，在人生的不同时段，向着更高的自我目标进发。

初　见

在阳光晴好的午后，树荫下透着光亮，斑驳地投影在地面上。竹林间莺鸟穿林打叶的声音在耳畔匆匆掠过，此起彼伏。竹节的劲拔、竹叶的锋利应和着声声动响，一股清雅脱俗之气扑面而来。这是我在新生开学典礼上初次听到“肖林锋”这个名字时，大脑里瞬间闪过的画面。那，也是我第一次见到他。

柔和俊雅的面容，与生俱来的脱俗气质都让人难忘。一副眼镜架在鼻梁上，使其更显智慧与儒雅。如今的他，虽身形渐胖，但其眉宇和形神间都始终散发出一股“腹有诗书气自华”的魅力。

那时，我在台下望着，心里暗想，自己也要努力靠近优秀，成为像他一样的人。而时隔一年，因机缘巧合，我竟意外地得到了采访这位被周围人交口称赞的才子的机会。话里行间，难掩其沉稳和温润之气。

韦氏有云：“竹，临池，似玉。悒露静，和烟绿。抢节宁改，贞心自束。”此句虽为绘竹之言，但用来形容肖林锋的气节风貌是一点也不为过的。

抢占先机，脱颖而出

2013 年，在经历了四年绚烂充实的大学生活后，肖林锋，从这个承载着他青春年华的大学毕业了。但与众多毕业的大学生不同的是，当他人还为忙着找工作而不断投着如同大海捞针般的简历时，他早已得到了令人羡慕的工作岗位。

事情还要回溯到 2012 年，因为文传系历届优秀毕业生的卓越表现，国企中铁二院将一次招聘机会给予了锦城学院，而肖林锋也牢牢把握住了这次契机。他成功投出简历并顺利通过面试，与其余四位知名大学的毕业生一同前往中铁二院宣传部开始了实习生涯。然而，竞争还在上演着，当被告知最终能留下且推荐就业的人数比例是五取一时，所有人都暗自下着决心，在半年的实习期里，各展锋芒。而最终，肖林锋凭借自己强大的专业素养以及综合能力脱颖而出，担任了院长秘书一职，并兼管党群工作部工作，负责党政工团、文化宣传等事务。

如今的他，事业有成。除日常工作活动外，他又重拾话筒，回到了那个足以让他熠熠生辉的舞台。在中铁二院的晚会上，总会看到他熟悉的身影在现场主持，调动氛围；在中国中铁总公司的各种演讲比赛中，总能听见他熟悉的声音；在职工文体比赛夺魁的名单中，他的名字屡屡上榜；一次顺利的会议、一次精彩的讲话，幕后总有他来保驾护航。如今的他，生活幸福美满，父母的全力支持，妻子的聪慧贤淑，家庭的温馨和睦都在他常展的笑颜中不言而喻。

就此看来，肖林锋的人生也算是圆满无憾。就个人造化而言，肖林锋的事业家庭双丰收也令旁人好生艳羡。但他的故事并没有就此结束，优秀的人之所以优秀，并不仅仅是用过去的辉煌所堆砌起来的，更在于他将之作为了一种习惯，不断雕琢自己，以旧绩为新始，止于至善。

2015 年，是肖林峰人生的转折点。这一年，他开始了自己的创业生涯。

不断进取，勇攀高峰

得知肖林锋目前正在创业时，我不解地问他，如今他事业有成，家庭幸福，为什么还要去冒险创业呢？他谦逊地回答说，自己如今在中铁二院的工作，其实只是一个小小的职员，算不得是事业有成。所以，他想通过创业来看看自己是否能够真正意义上地成就一番事业。而我想，如今家庭和工作的稳定状况，无疑也是让他在创业路上安心前进的后备力量。

而谈及缘何产生创业的想法时，肖林锋说，这一切都要归功于母校。“回想过去，现在之所以创业，是因为在大学期间参加母校的创业大赛时就播下了创业的种子。所以毕业以后一直想找点什么项目做，可是很迷茫，不知从何下手。”而就在他迷茫时，妻子的一番话却让他拨开云雾见天日，“我的爱人提议做餐饮，她说：‘父母亲及部分亲戚在从事餐饮行业，对我们创业会有所帮助’”。但在当时，肖林锋并没有立即采纳这个建议。在肖林锋的心里，他一直认为做餐饮并非他的强项，于他而言，这是一个全新而又陌生的领域。与此同时，他也承认自己由于观念较为陈旧，因此对于餐饮行业有着观念上的轻视。也难免，餐饮行业中的油盐酱醋味着实也让经受惯了书墨香气熏陶的他一时难以接受。但在这个大众传媒发达的时代，价值观念相互影响和交错着，一次偶然信息的获取就可能成为一个人打破心中桎梏的关键。

正当他在餐饮行业的门外犹豫和徘徊时，偶然看到了《天天向上》的一期节目中讲述的北大学子创业卖烧饼的事迹。而这样一个偶然机会，对他内心产生的震撼和触动是前所未有的。以此为牵引，他对于餐饮行业的看法也在逐渐发生着变化。“这对我的触动比较大，改变了我之前的很多想法”。而这时，他的妻子也再次提出了让他下定决心开始投身于餐饮行业创业队伍的绝佳建议。正如古语所云：“以心印心，心心不异。”因为常年陪伴在彼此身边，肖林锋的妻子对他的习惯偏好更是了然于心，可谓想他所想，知他所想。“我的爱人很理解我的心态和偏好，于是决定做‘养生’类餐饮，至少和我喜爱的中国文化沾了边。”

养生，作为自古以来为历代人所倡导和追寻的同时也是诸子百家所提及的一门理论和实践，囊括了几千年来医药、饮食、宗教、民俗、武术等方面的文化。古有云：“人同此心。达官贵胄、方外修真、三教九流，于此莫不关注，故而养生文献不限于医家，诸子百家均有所涉及。”而这也是促使肖林锋开始从事养生类餐饮的原因和动力。创业期间，肖林锋父母所提供的支持，在他看来更是他成功创业的最大优势。“我的父母很支持我们创业，认为年轻人就应该涉世打拼，成就一番事业。即便失败了，家人的支持依然在。”由于肖林锋父母长期从事餐饮行业，对其中的诸多因素和各类情况都十分了解，其经验更是极为丰富，加之多年累积起来的人脉也十分宽广。而这无疑是肖林锋创业路上的有力助推器。因此，就资金和人脉而言，已不是肖林锋创业路上的阻碍了。

然而，创业并非易事，新的问题又摆在了肖林锋和他妻子的面前。一是店面选址问题。店址的选择不仅关系着店铺的发展前途，同时也是创业者制定经营目标和策略的重要参考。而针对这一点，肖林锋先是通过网络，进行反复比对和推敲，进行网上选点。之后，再进行实地勘察，综合分析周遭各种环境，最终将店址选定。二是连锁店规章制度的制定。由于之前毫无经验，所以这成为肖林锋面对的一大难关。规章制度的制定涉及多方面因素，因为它是公司、企业内部的“劳动法律”，也是经营者进行制度管理的工具。而依法建立完善的规章制度，既是经营者权利，也是其义务。但万事不负有心人，通过自拟和模仿学习的手段，肖林锋很快就摸清了制定规章制度的方法和门路。三则是对员工的管理培训。俗话说：“天时不如地利，地利不如人和。”一支精锐的队伍也是影响企业发展的关键因素。而由于父母对此经验颇为丰富，加之肖林锋自学能力较强，这个问题也算是得以圆满解决了。随着找铺面、装修、招聘、培训等问题的逐步解决和收尾，2015 年五一放假期间，肖林锋的第一家店面“草原清汤鲜黄牛肉”养生汤锅店开业了。

正当我诧异于短短半年之内，他就拥有了三家分店时，他说这一切还是要归功于他的亲人的协助，这使得他能够采取另外一种方式在初期进行门店的扩充和连锁店的发展。“对于省内外的大型连锁餐饮企业来说，我们是沧海一粟。由于刚刚起步，所以我们目前的加盟方几乎都是自己的亲人，像‘家庭企业’模式。三家分店，均采用入股合伙的方式”。而对于目前的创业态势和情形，肖林锋说他也基本上是随缘随性地在走。谈到对于未来连锁店的发展规划，他向我们透露道：“公司考虑到吃法及菜品较为单调，正在聘请厨师研制新菜品。准备打造‘中华牛全席’新品牌。”而他个人，也准备在三十而立的时刻来临前，用五年时光做出一番事业。在他看来，大胆而谨慎是其创业成功的关键。俗话说“心有猛虎，细嗅蔷薇”，说的就是这个道理。与此同时，他还认为，要想创业，首先是要打破传统观念，不要低估任何一个行业，不要觉得有一份稳定的工作就安于现状。其次，要有一定的人脉、资金，而这也是硬性条件。谈及创业的经验教训，肖林锋谦逊地说道：“等以后有了几十家分店再来谈这个问题，目前小店资历还不够。”

针对在校大学生创业问题，肖林锋用这样一句话表达他对这件事的思考与态度：“有勇气，还要有睿智的判断；有能力，还要有不断的付出。”

畅谈书法，运之于业

与其他创业经营者不同的是，肖林锋并没有因为多项工作交错所带来的繁忙劳碌而对他所挚爱的书法有所疏忽和冷淡。而是将之作为这些年来的优秀习惯一直保持并不断精进着。

早在幼年时期，受到外公的熏陶，肖林锋的书法之路便开始萌芽。在他曾经就读的小学和中学的校园走廊上，都挂着他清秀大气的书法作品。而上了大学，他感言遇到了很多志同道合的朋友，在锦城学院的校园里，他的书法更是受到了欢迎和重视。

实际上，随着新兴媒体和网络技术的不断发展，书法作为我国一门传统的艺术似乎渐渐淡离了大多数人的生活。针对这一现实问题，肖林锋谈到：“书法看似简单，实则不易学。对于浩瀚的书海，我只是一只‘菜鸟’。书法兼有实用性和艺术性。在科技还不兴盛，电脑手机等电子产品还未流行的年代，书写（手写）其实是很日常的一件事，书法可施展的舞台极大，国家礼乐、文人创作、商家记账、书信来往、招牌题字、景区装饰等，同衣食住行一样普遍。当今，电脑及手机的普及，手写渐渐被键盘输入取代，书法的实用性被削减。但正是因为实用性减弱，书法的艺术性反而更加凸显，书法也渐渐成为一种纯艺术。”他认为书法亦是一种人文素养。书法，写的是“字”，折射的却是“文”。他感慨道：“古时候，不管达官贵族、文人骚客、平民百姓，都很注重书法水平的提高。从博物馆里面的文物以及民国的老照片里面可以看到，即便是贴在某个烂篱笆墙上的普通告示以及大街小巷的招牌题字，你都能看到或大气遒劲或典雅秀美的书法。再反观当代，首先是社会精英层书法水平让人汗颜，高官政客、文体明星、人民教师少有几个能把字写好。由此便可窥见当代社会精英层书法水平到底有多低下。其次，普通老百姓以及在校师生的书法水平，也是令人担忧。央视连续举办了两年‘听写大会’，很多字我们都是知道却不会写或提笔忘字，也就是说我们已经退步到会不会写这个字的境地了，追求书法的美那就离我们更远了。”在他看来，当代国人的书法水平着实走了下坡路，人文素养也有待提高。提高的方式方法很多，而他也希望能够和大家一同探讨。除了书法以外，他也爱在闲时进行一些文学创作来陶冶情操，表达个人的情感和观点。

在这里，他希望不仅是文传系的学子们，当代大学生都应当有复兴民族文化、振兴传统礼教的责任感。从宏观来讲，国家经济和物质文明发展已经取得了一定成绩，我国已成为世界第三大经济体。当人的物质生活得到满足后，精神文化需求就会增加，而这无疑是一个振兴民族文化的大好机会。

都说字如其人，但在他看来，绝不是字好看人就好看这么浅薄，而是做人亦应该像书法一样，要收放自如，要有浪漫诗意的感性生活，还得有理性、厚实的各种条件和基础。

面对着肖林锋对于书法文化的侃侃而谈，我想，或许正是因为有着这样深厚的文化底蕴和素养，在创业的过程中，才造就了他与一般从商者的不同。当书法被他恰如其分地运用到事业中来，无论个人固有的非凡气度，或是经营的理念与思维，都可自成其不寻常之处，从而发挥出其独特的优势。

回望过去，感恩母校

回首在校四年时光和自己已经取得的成绩，肖林锋说“锦城之事皆难忘”。而这样言简意赅的一句话，读来却让人颇有感触，他的大学生涯不但丰富，而且对母校的情感更是深厚。

当初之所以选择行政管理专业，肖林锋是有着自己明确的目标和计划的，那就是成为一名公务员，进入党政机关工作。而在文传系，他说最大的收获就是学到了实在的公文写作技巧，提升了自己的专业水平，结识了大量的良师益友，而这一切都为如今的事业发展打下了坚实的基础。同时，他也感叹在锦城所经历和学习的一切于他来说是意义非凡。在中铁二院宣传部实习期间，其主要工作内容涉及新闻采访与写作、视频拍摄与剪辑、报刊编辑和网站维护等。而在校期间他所学的专业课程中既有“公文写作”“新闻写作”，还有photoshop、视频制作等媒体类技术课程。这些专业课程的搭配让他既具备了以写作能力为主的核心竞争力，又兼有以网络技术、办公自动化技术为主要辅助手段的动手能力。肖林锋在中铁二院编辑的每一篇新闻稿、通讯稿都得到了宣传部领导的交口称赞，稿子的质量一点也不输给川大中文系的学生。他在宣传部实习期间，恰逢中铁二院成立60周年庆典，其充分运用了在校参加会务模拟公司所学到的经验，将之在庆典活动中所负责的工作做得又快又好，大获领导赞赏。

与此同时，他还谈到了锦城的“一体两翼”知识教育和“三练三创”实践教育。“大学期间，我加入了文传系艺术团、鑫政会务模拟公司、文传电视台和锦城书法社等学生社团组织，还积极参加了学校的各种文体活动，如主持人比赛、礼仪风采大赛、足球联赛、舞蹈大赛等。”而在这里，他再次提到了他所挚爱的书法，“邹院长也是一名书法高手，其书法大气磅礴，俊俏飘逸。在他的影响下，我总能带着满满的自信代表学校参加国家、省、市级举办的书法比赛，并屡获头奖。我也很幸运地被聘为了四川省硬笔书法家协会副秘书”。同样，也是因为书法，使得他与他的妻子结下了缘分。

肖林锋说，这些丰富的实践教育活动，不仅使他在文化艺术水平上实现了个人素质的提高和飞升，更让他在就业时相比于其他同学多了一份竞争力。

而在这些事情的参与和安排上，他谈到，“大学期间确实参加了不少文体活动，收获颇丰。主要是几年的积累下来次数较多，让你们以为我无时无刻不在参加这些活动，其实不然，我也是有计划有选择地参加一些文体活动和比赛。我所参加的活动都与我的爱好有关，所以乐此不疲。参加活动需要提前准备和排练，时间都安排在下课和周末。所以并没有与学习发生冲突”。

对于目前正在学习行政管理专业课的学弟学妹，肖林锋提议应从两个方面着手。首先，一定要上好本专业课，别等到正式上班后才发现“捉襟见肘”，觉得知识不够用。特别是公文写作（应用文写作）一定要学好学扎实。其次就是在学好本专业的同时，要充分利用文传系专业课程设置，学会蹭新闻学等专业的课，蹭汉语言的讲座，让自己的学识更为广博。

正是因为他孜孜不倦和善于自主学习的态度，外加懂得计划和安排的平衡思维，使得他在创业路上走得越来越远、越来越顺，能够屡次突破重重难关。

后 记

在与肖林锋洽谈采访事宜结束的几天后，我收到了他的回信。他十分歉疚地告诉我说由于近日事务繁忙，延误了采访时间。他又再次说了声抱歉，并告诉我他要急忙赶去看望患病的职工。而在这一瞬间，我深深地被他的领导魅力所折服。

采访事宜结束后，他问及我的年龄，我告诉他我刚满 19 岁。他不禁感叹，这个数字仿若又将他的记忆浪潮推回到了那些年所经历的美好时光，在锦城学院所度过的充实而又收获颇丰的那段日子。

不忘初心，方得始终

——访 2010 级对外汉语专业“点叔叔的农场”淘宝店店主唐建忠

执笔：2013 级汉语言文学专业张颖涵

指导老师：宋玲

2010 级对外汉语专业唐建忠

早在 2014 年 9 月的夏季达沃斯论坛上，李克强总理就在公开场合发出“大众创业、万众创新”的号召。而在 2015 年的政府工作报告中，“大众创业、万众创新”这个词汇又被提了出来。其背后的内涵是中国经济正处于转型的重要关口，创新正在成为新的经济驱动力。活在这个时代背景下的当代大学生，应该如何顺应时代潮流，把握时代机遇，建设自己的“中国梦”，实现民族的复兴梦，或许从唐建忠的经历，我们会有所感悟。

他是四川达州人，也是四川大学锦城学院文传系对外汉语专业 2010 级毕业生。他梦想与现实并进，毕业与创业同抓，大四时与朋友共同创立了

“点叔叔的农场”这个品牌。几个年轻人，通过互联网以及移动互联网平台，把接地气的初级农产品打入电商市场，推送到高端家庭顾客面前。不到两年，渠道畅通，好评率达到99.58%，年销售额达一百余万元。他就是不忘初心，坚持梦想的创业者——唐建忠。

梦之起航

两年前的唐建忠，从未想过有一天自己会选择创业这条路。

2014年1月，距离毕业还有5个多月，他到了一家网络推广公司实习。在一次偶然的聊天中，大家谈到创业，因此点燃了他心中的梦想。

对外汉语专业毕业的他最终没有选择专业对口的职业，他说：“我不喜欢现在实习的这个行业，而且我比较随意，性格不太适应朝九晚五的日子。”于是在毕业前夕，他选择放弃实习转正的机会，沉下心做创业，为自己打工。

在坚定了自己的想法后，唐建忠打电话跟家里人商量，家里的反应是不支持也不反对，但其实他早已下定决心，即使家里反对也会选择自主创业。随后他找到朋友谈了大致的创业计划，邀请朋友一起创业。

虽然这位朋友还是选择了就业这条道路，但向唐建忠推荐了两个与他有着共同想法的人。三人一见面，聊到创业的构思，一拍即合，并决定马上着手去做。

在随后的一个月时间内，他们在市区发出上千份纸质问卷，针对成都当时的生鲜市场进行了调研。在经过详细的数据统计和分析后，他们对市场有了初步的认识，发现同城果蔬在互联网上很有市场。于是他们决定选择“互联网+生鲜”的模式，开启人生的创业旅程。

由于大家首次创业，有许多东西需要磨合，加上创业资金也比较有限，所以他们选择利用现有的互联网资源——淘宝网，进行线上销售。

“虽然我现在创业的方向与本身专业不对口，但是我觉得大学期间所学到的能力，对我的创业是有很大帮助的。”唐建忠说道。

的确，“技术性文科人才”是文学与传媒系系主任毛建华教授提出的人才培养目标，旨在泛媒体时代培养以写作为核心竞争力，以网络技术为主要辅助手段，具有深厚的人文底蕴、很强的动手能力的技术型文科人才。唐建忠在创业过程中的许多经验正是在学校时通过网站制作、网页设计等课程中积累所得。

用心做事

“点叔叔的农场”这个名字来源于创业合伙人之一凌典的名字。因为“点”与“典”同音，且大家都觉得“点叔叔的农场”这个名字很亲切，很有意思，既能让顾客一下记住，又突出了新鲜、绿色、有机的品牌特点。

在平时的工作中，三名创业合伙人各有分工。唐建忠主要负责采购、配送产品，在其余创业合伙人忙不过来时，也帮忙管理客服、记账等。

“起初几个月，我一般早上五六点起来，到市场上根据前一天晚上统计好的订单，找合作方采购需要的农产品，然后在上午 12 点以前做好分类，并且进行初步包装。”他在电话中讲道，中午 12 点左右包装完后，他骑着电瓶车就开始了下午的送货。

成都市区三环以内都是他们自主物流的范围。有时候下单的路程远，为了送一单，来回要耗费一两个小时。即使路程遥远，他们也坚持顾客至上，想方设法地把产品按时送到顾客手中。

一天下来，回到家，已经是华灯初上的时候。晚上吃饭时，三人会在一起对今天的工作进行总结。

“在创业初期说不累不苦是假的，但我们在这个过程中坚持了自己的梦想，用心做事，看着‘点叔叔的农场’慢慢地成长起来，心里十分欣慰。”他感慨道。

“在没有接触这个行业以前，路过水果店、生鲜市场等，都是随便看看，逛逛就走。”唐建忠在走出象牙塔，步入这一行后思想也在慢慢地变化。“现在会想到什么时候该上什么产品，或者是该如何去改善目前我们遇到的问题。”

“其实我首次接触创业，是在大二时候学校举办的创业大赛。”当时唐建忠和其他系的同学一起组建了一个队伍，项目也是初级农产品。他们发现蒜苔在不同的时间段价格有所波动，并且蒜苔利于存储。如果通过在低价时大量收购，价格上涨时转出存货，将会有大量的市场。虽然由于在方案的考虑和撰写上不完善，最终没有走到决赛，但是在这次创业比赛中他对创业有了初步的了解。

创业之初，唐建忠认为成都的市场前景很好，对此他充满信心。可是没想到，即使有对许多大城市成功的“家庭生鲜配送”网店进行学习的经历，他们在实践中也会遇到各种问题。

“我们从一开始就十分重视品牌服务和顾客口碑。希望用心去做每一件事，让顾客满意。”唐建忠讲到，有一次，他为顾客送草莓，原本新鲜完整的草莓因为长途颠簸而有些破损。他不仅当场向顾客道歉，还主动全额退款给顾客。他说：“虽然那次没有赚到钱，甚至还赔了不少，但是值得高兴的是最后这名顾客还是给了好评。”同时他也提到顾客评价对于电商行业的重要性，“好评多了，口碑做起来了，才会有更多的人来买你的东西”。

为了做好服务，他们在闲暇之余，会对周边农产品进行调研，甚至到生产基地去了解种植过程。对于符合他们市场定位的产品，他们便与当地销售商建立合作关系。一年多的时间里，他们不断增添产品、完善品牌，通过大量老顾客的积累，最终使自己的品牌获得了成长。

2015 年，在线上销售额达到 50 余万元的情况下，他们决定扩大规模，开个实体店做线下销售。他们在市区租了一间门市做生鲜销售，但是不久他们就发现线下销售事情十分烦琐，三个人根本无法兼顾。所以一个月后，他们还是决定将重心放在线上经营。

而在此期间，经过朋友介绍，他们又吸收了两位新合伙人，变成了现在的五人团队。

在淘宝平台上，“点叔叔的农场”为金牌卖家，主营产品为蔬菜、水果、肉类、水产、干货等 163 种农产品，店铺动态评分与同行业相比，描述相符 4.8 分，高于同行业 33.96%；服务态度 4.9 分，高于同行业 47.39%；物流服务 4.9 分，高于同行业 50.47%。而在市场调研中，他们得出了一个结论：在淘宝流量中，虽然他们的外地流量占大部分，但是目前他们的自主物流无法满足这部分人的需求，所以他们还是决定必须将重心放在本地市场的拓展上。于是，两个月后他们成立了一家公司。有了公司的资质，他们加入了外卖平台，通过移动互联网端口进行销售，更好地拓展了成都本地流量，将流量转化为了实际的销售量。“现在我们已经加入美团、饿了么等多家外卖平台，在加入外卖平台以后，我们将自身的品质优势和平台的优势结合起来，不仅扩大了品牌的知名度，提高了好评率，也获得了更多的销量”。

一直在路上

在谈到大学对自身创业的影响时，唐建忠说：“大学有非常多的课余活动可以选择，比如各种社团和比赛，学校的学生组织和系上的学生模拟公司等，这些都在一定程度上锻炼了我自己。”

大学期间，唐建忠并非是班级上的“主流”学霸，成绩也不是特别突出。他说：“我平时没有什么突出的表现，唯一能使老师印象深刻的事情，可能就是毕业后有次送货正好遇见以前教过我英语的许妍老师。”他打趣说这或许是对他印象最深的老师吧。

在课业之余，他也喜欢踢足球。“大一的时候，我参加了系上的足球队，直到毕业都是队里的守门员。”他记忆中关于大学的美好回忆大部分都在绿茵场上。

大学时期，唐建忠还加入了学校“三练三创”学生模拟公司。从大一到大三，他一直在“三练三创”的分公司“耕作轩”工作。从一名小小的干事做到“耕作轩”的总经理，他收获了很多。“除了来自不同专业同学之间的深厚友谊，我还收获了这三年来积累的管理经验，不仅有对人的管理、对事情的管理，还有对自身的管理。”

回忆起大学时光，他十分感谢母校。同时他也建议学弟学妹们要珍惜大学时光，把握好自己的青春，在毕业前就要思考好之后的规划，这样才会有更多的时间去做准备。如果大学能重来，他更想抓紧时间在课业上多学一点知识。

从 2014 年到 2015 年末，“点叔叔的农场”年营业额从 50 余万元增长到 100 余万元，增长率超过 100%，平均每月销售额在 8 到 10 万元。如今，他的目标是将公司的重心转移到移动互联网端，如外卖平台，线下在东、南、北三个方向上各增加一个自主配送点，涵盖成都五大城区（不含双流、龙泉、温江、新都等周边区县），进一步完善产品和服务。“我未来的目标就是要做好‘点叔叔的农场’这一品牌，让成都市民一提到‘点叔叔的农场’，就会对我们称赞不已。”唐建忠自信地说道。

据资料显示，目前许多 B2C 生鲜电商网站提供的是 T＋1（前一天下单，第二天配送）模式，而此种模式实质上是生鲜电商的过渡模式而不是终极模式。消费者对于生鲜水果以及快消品（饮料、糕点等）是即时性要求。并且随着大众消费水平的提高，消费者对于“吃”这件事情更看重服务与品质的当下，未来生鲜电商的终极模式一定是T+0（当天下单，当天配送）模式，且其最终的形态是“线下门店+人员+配送+优质服务”的自营模式。而唐建忠也在朝着这个方向前进，在此也祝愿他在创业这条道路上越走越稳，越走越远！

采访后记

在这个初创的团队内，很多事情都需要创业合伙人们共同商量执行。感谢唐建忠百忙之中，抽空接受了我的采访。首次电话采访唐建忠，正碰上他的晚饭时间，他仍提出先进行采访再吃饭。

接下来的一个多小时，他耐心地回答了很多提问。通过他的创业历程，我们不难看出他的成功秘诀：不忘初心，方得始终。

唐建忠的自我评价是随意、我行我素、乐观。但是从他的经历中我们可以感受到他也是一个做事用心、踏实努力、真诚上进、重视感情的人。而“博学于文，奋斗于传”“止于至善”的大学精神，更在潜移默化地影响着他。

当梦想照进现实

——访2010级广告学专业“小马鞋铺”淘宝店店主韦强

执笔：2014级新闻学专业杨俊杰
指导老师：杨震

2010级广告学专业韦强

> 邹校长曾说：“有些事情想到不一定做到，做到不一定做好，做好不一定能坚持，只有那些能够想到、做到、做好并且坚持的人才能成功！”我要做那个坚持的人。
>
> ——韦强

时值初冬，暖意融融的阳光包裹着锦城。远远望去，广严大道上那一排排高大伟岸的银杏树筑起了一道金灿灿的屏障，宛如金黄色的城墙。冬日慵懒的阳光穿过枝头，在铺满银杏叶的道路上投下斑驳璀璨的光点。而路旁这块印着邹校长名句的路牌在阳光的反射下，更显得耀眼和夺目。

“有些事情想到不一定做到，做到不一定做好，做好不一定能坚持，只有那些能够想到、做到、做好并且坚持的人才能成功！”这句话的意义在于激励锦城学子奋发图强，而对韦强来说，这句话更像是他的立身准则。这句话在他心里，是一种鞭策，更是完美地定义了他对人生的追求。五年前，韦强和这句话相逢在锦城，初次见到，这句话便深深地烙印在这个带着梦想和激情的小伙子的心里，于是，故事就从这开始了。

他叫韦强，今年 23 岁，来自四川大学锦城学院文学与传媒系 2010 级广告学专业。五年前的他只身从家乡广西来到成都求学，五年后没有成为公司白领，也没有成为广告部经理，而是在姐姐的帮助下，成为了一位有着 7 年经验的资深的皇冠级淘宝卖家。韦强的淘宝店现销售额已达到年 200 万元以上，凭着稳定、可观的收入定居成都。如约拨通了韦强学长的电话，那头传来的是礼貌而又成熟的男性嗓音，次日碰巧他回学校办理档案等相关事宜，所以有幸和韦强学长见了一次面。

初次见面，与韦强学长约定好在学校的咖啡厅进行采访。说是采访，倒不如说是一次轻松的谈话。他一开口，绅士般的风度和大方得体的举止就让我的紧张一扫而光。那天他身着一件淡蓝色的牛仔衣，休闲的打扮再配上一双亮色的运动鞋，自信的谈吐，成熟中又带着些许的孩子气，诙谐幽默的语言时不时又总能逗笑对面的我。

梦想在偶然中开始

2007 年，初入高中校园的韦强稚气未脱，但其思想已经站在了和同龄人不同的高度。他所就读的高中旁边当时开了一间“格子铺”，一个格子的月租金在当时是 60 元。他的目光很快被这间新奇的店面和其新颖的销售模式所吸引，最终成为“格子铺”店里第一个也是最长久的一个客人。

一谈到最开始的偶然尝试，韦强学长就打开了话匣子。“我觉得我当时做这件事的原因有三点：第一点是我和姐姐都属于比较‘会玩’的人，在当时，网购并不发达，我们已经学会在淘宝网上买东西了，我觉得我敢于尝试新的事物；第二点是我的直觉敏锐，我觉得这种形式有发展的空间，当时第一眼就看中了那间格子铺里最好的位置，然后一做就做了四年；第三点就是我会从消费者的角度出发考虑问题，这也为我以后的发展奠定了一定的基础。”因为韦强当时是处于高中阶段，各种淘货市场还很匮乏，他在淘宝网上买进了一些新奇便宜的小东西，比如说钥匙扣、帆布包、女生的首饰以及一些笔和本子等。这些小商品，都是他和他姐姐亲身买过试过的，觉得大家会感兴趣才会买来卖。

因为韦强的妈妈是做生意的，所以他从小就对销售行业耳濡目染。“那个时候我就知道做任何事都是有风险的，没有谁能保证一件事会百分之百成功，但是只有自己尝试了，才会得到宝贵的经验。换句话说，我当时开格子铺，30% 是兴趣，30% 是货源，30% 是运气，最后 10% 呢，就是年轻气盛的冲动吧。”韦强补充道，格子一个月租金才 60 元，这个金额在他可以承受的范围之内，就算他三个月都不能盈利，大不了就不做了，也就亏损两三百元。这种低成本的运作方法，也是他当时义无反顾尝试开格子铺的原因。据韦强学长描述，当时的格子铺运转得出乎意料的好，比如一些带着漫画人物的中性笔，生意好的时候一天都可以卖出几百支。这也是他和姐姐始料未及的。一次偶然的尝试，一个小小的格子铺开启了韦强注定与众不同的商业之路和人生梦想。

“小马鞋铺”的诞生

格子铺开始盈利，韦强从中得到了一些经验，开始和姐姐筹划起了在淘宝网上开店的事情。高三是所有求学途中最繁忙的一年，而韦强在兼顾学习的同时，还自己在电脑上看各种 PS 教程和广告设计色彩搭配等，并开始构思自己淘宝店的设计和特点。2008 年的上半年，韦强如期地在淘宝网注册了“小马鞋铺”，主营源自美国的潮鞋 CONVERSE 匡威。凭借着一份热情，他开始了他的淘宝初体验。韦强没想到这一卖就是 7 年，这也成就了他人生的一个梦想。

2007 年的中国还处于互联网刚普及的时代，也是淘宝网的起步阶段，虽然整体的机制已经很完善，但出于对买家利益的保护和自身前景的发展，当时淘宝网的部分细节还不像如今这样规范。整体机制的完善表现在那个时候已经有了一个买家和卖家的支付中介平台——支付宝，有正常的退换货流程等。但有一些不规范的细则，这给“小马鞋铺”带来了不小的冲击和麻烦。

谈到这点，韦强学长突然笑了起来，说：“虽然我很渺小，但是我也算是和“马云”一起成长的，因为我是淘宝网最早的一批卖家之一。”刚开始，淘宝网有一个非常大的 bug（漏洞），就是在买家和卖家因为某些问题起争执的时候，淘宝网都会无一例外地判买家赢，优先保障买家的利益。当时他遇到的困难很多，而且都会让韦强感到非常无奈。比如卖出鞋子后，买家已经收货并且穿过了，这时又要求退换。其实原则上只要是使用过了就不能退换，而这时买家就会用水把鞋底清洗干净又寄回来，韦强一看就知道那是穿过的。但是当时淘宝网的规定就是鞋底和鞋面是干净没有损坏的就必须退换货，即使这些鞋新到看不出来已使用过，韦强也只有硬着头皮办理退货。“我算是淘宝上的良心卖家，对这些鞋我都不会再进行二次销售，而是自己留着或者送给家里的表弟表妹穿。别人可以坑我，但是我绝不会坑其他买家，因为我不能辜负别人对我的信任。因为这个问题前期亏本了很多，但是至少自己心安理得，很踏实。”

虽然当时淘宝网在机制上不是非常完善，但是入驻的商家较少，同行竞争小，也给了“小马鞋铺”比较大的发展空间。说到最大的竞争者，可能就是当时的匡威旗舰店——天猫官方直营旗舰店。而作为消费者，在自己无法确认正版的情况下，肯定会优先考虑天猫官方直营旗舰店。而让我纳闷的是，韦强学长的“小马店铺”不仅没有受到旗舰店的冲击，反而愈发壮大了起来，销量只增不减。

当我问到这中间的原因时，韦强学长说道：“好的品牌，折扣少，促销活动少。而‘小马鞋铺’长期有折扣，这是一个很大的优势；第二点是官方旗舰店是由公司来运营的，整个网店的设计跟匡威的官网一模一样，也就是说旗舰店的页面是被复制出来的。这种很官方的东西会让消费者看着有种距离感，而我的网店全部是自己设计，鞋子全部是自己实拍。具有与众不同的风格。换句话说，‘小马鞋铺’能让消费者感受到一种真诚和亲近，这也是很重要的。”

说到这，韦强学长补充道：“这里我必须要感谢我的母校，感谢毛建华教授，我大学四年所学的东西都被我学以致用地用在了我的网店上。因为我是学广告学专业的，所以在设计店铺页面的时候，除了最基本的页面制作，我还将市场营销、受众心理学、色彩搭配等专业知识以及自己的一些见解综合考量，融合到店铺设计当中，比如什么样的页面会突出自己店的特色，达到差异化；什么样的陈列方式可以增加顾客的购买欲；什么样的文案可以增加顾客的信任感，诸如此类。通过各方面的综合运用，以达到全店给人一种想要浏览、愿意购买而且买得安心的感觉。在锦城学院的学习，确实给了我的网店一个很大的提升空间。”

另外最重要的一点就是，“小马鞋铺”有一个比较独特的库存运作方式，大大减轻了店铺的运营压力。通常情况下，售卖商品都需要囤货，如果能卖掉那是最好，如果卖不掉就要承受库存和资金的双重压力，而“小马鞋铺”并不存在这个问题。它的模式是“代理”，即卖得出则由供货商发货，卖不出则不发货，不需要囤货。原来，开店之初，韦强学长的姐姐有一个特别好的朋友在商场里的匡威专柜工作，当他姐姐把开网店这件事告诉这个朋友时，这个朋友愿意为她提供一些资源和机会。随着“小马鞋铺”销量的提升，供货商的层级就会一步步往上升，操作就会更加专业化。韦强学长也强调，这种模式需要与供货商沟通好，并对合作方式进行细化，毕竟一个巴掌拍不响。但有一点值得肯定的是，韦强学长合理运用了身边的资源，他把这称之为他自己的“幸运”。

一入淘宝“深似海”

“任何结果完美的事情注定过程都会经历很多不为人知的辛酸。”这句话说给“小马鞋铺”简直再贴切不过了。在整个采访过程中，韦强学长说得最多的一个词就是“走心”。这个网店的店主是韦强和他姐姐，店的客服也是他们俩，所以他们要投入更多的时间和精力来管理这个店铺，因人而异的搭配建议和良好的服务态度一直是韦强经营网店的宗旨。他们不像受过培训的旗舰店客服一般用千篇一律的官方回答，不像某些卖家一样用蛮横的服务态度。“小马鞋铺”正是这样“走心”地为每一个客人服务。“旺季的时候早上九点起床晚上要凌晨三四点才睡，每天跟不同的人聊天，当一个陌生人无条件地相信你的时候也是一种幸福，觉得一切都很值。”韦强感慨地说道。

有很多顾客是看着‘小马鞋铺’成长起来的，从开店直到现在一直在背后默默支持着他。上次有个女顾客给他旺旺发来消息说：“小马你还记得我吗?”韦强翻阅了这位顾客的购买记录，七年来一共买了三十几双鞋，着实让他惊讶了许久。“我比你大一点，在我还在念书的时候，我和现在的老公也就是以前的男朋友互相赠送的第一份礼物就是匡威鞋，后来几乎每一双鞋都是在‘小马’买的，而现在我已经结婚了，有了自己的家庭和宝宝，我已经从女孩变成了女人，或许鞋柜里高跟鞋已经取代了匡威休闲鞋，但是我觉得‘小马’对我来说就是一种回忆。我那天又想穿匡威了，准备去商城买，老公第一个反应就是，诶，我们不是还有‘小马’家吗？然后我就来找你了，我们真心希望‘小马’能发展得越来越好……”

韦强讲完这个故事的时候深吸了一口气说：“人往往在受委屈的时候不一定会哭，但是被理解或认可的时候真的就会忍不住。当时的幸福感真的无法形容，我不仅在经历自己的成长，也在见证顾客人生的变迁。当时听完那个姐姐那段话，我不知道为什么鼻头一酸，泪花就在眼眶里打转了。”

除了这些感人的瞬间，也有很多让韦强一生难忘的“奇葩”顾客，让他越挫越勇，磨炼出了一颗坚强的内心来面对人生的各种起伏。

在 2014 年，“小马鞋铺”一切都发展得顺风顺水。有一天，一个女顾客在网店里选购了一双鞋子，因为尺码不对，所以申请换货。淘宝有规定，当买家自选码数不合适的时候，退换的运费都自理。但是这位顾客却开始蛮不讲理起来，说：“当消费者不满意的时候你是要百分之百承担退换货的，运费也要你出。”然后韦强就开始通过电话和旺旺一直耐心地给她解释。结果这位顾客说了一句让韦强一生难忘的话。她说：“放弃吧，你是说不赢我的，因为我是清华辩论科的，这一点是你没有办法比的！你不出运费闹死你！”

听完这句话的韦强心里满是不满与愤怒。当我问到此事是如何解决的时候他说：“我当时想的是就算是清华的又怎样？素质这样低。最后虽然是我妥协了，但是我从心眼里看不起这种人。其实这二十块的运费对我是完全没有影响的，亏二十块钱，我可以摆脱掉一个大麻烦，做生意的想多一事不如少一事，与其跟她争执不休，不如为其他有需要的买家提供更多咨询服务，我知道跟一个不讲理的人讲道理是完全讲不通的，我已尽力而为，心安理得。不进则退，好吧那我就退，而且我觉得，这个跟学历无关，跟素质有关。”

还有一件事，是一个妈妈为自己女儿买鞋作为生日礼物，但是当时出现了一个棘手的情况，她女儿的生日已经到了，可是快递仍然没有到。然后这位妈妈就来骂了韦强一个多小时，大概意思就是说韦强这个人不守信用，说韦强得罪了她的宝贝女儿，生日都过得不开心等。韦强无奈地摇摇头说：“其实当时我真的是特别无奈，因为大家都知道卖家和快递其实是分开的，我也提前告诉过她可能会有不可控因素，可是这位妈妈还是把一切的错都怪到了我身上。当时她也确实骂得很难听，我的情绪极不好，就说阿姨你能不能不要讲了，我的年纪可能跟您女儿差不多，也才 19 岁。然后这位阿姨直接说你多少岁关我屁事啊，你出来做生意迟早都是要被骂的。其实当时我听了这些话直接就崩溃了，就开始泪崩，除了心酸，更多的是自尊心的受伤难过。”

阳光总在风雨后

“我自认为我不是一个非常厉害的人，我只认为我是一个非常理性的人。当我面对很多事情的时候我都会很客观地分析，比如人家骂我、诋毁我，我都不会去对骂。我会先冷静思考到底是谁的错，如果解释无果，会再想其他解决问题的办法。在创业的过程中，也遭遇过各种冷眼和困扰，就像邹校长说过的那段话，我就是这样一路坚持过来的。”韦强说。

2008 年的时候，互联网还没有普及，大多数消费者都认为网购这种方式是极为不靠谱的，认为一旦把银行卡信息暴露在网上，账户里的钱会“不翼而飞”，而韦强的父母也不例外。在韦强创业初期，他把开网店这个想法告诉爸妈时，他们当时的第一反应是韦强会不会是被传销洗脑了。然后就开始轮番劝诫他打消这个念头，不要做影响学业的事。还有最重要的一点就是他们认为韦强年龄太小，不具有社会经验去谈生意，怕他吃亏。当时 16 岁的他并没有因为父母反对的态度而放弃创业，毅然地选择了坚持。

由于父母的反对，韦强开淘宝的第一笔信用押金 300 元都是找一个朋友借的，就是在这样的情况下，他的网店开始营业，但始终没有得到父母的认可。在韦强毕业的那年，这个积存已久的矛盾还是爆发了。“我妈很严肃地问我为什么不像其他毕业的大学生一样去找一份稳定的工作，我说我为什么要去工作呢？她就开始说三姑六婆家的哪个孩子又在国企上班等，我给她解释，工作的目的就是赚钱，而我现在已经达到这个目了。每个人的生活方式都不同，你为什么要用固有的观念来约束我？”韦强叹口气说道，“她就是觉得我开网店是不务正业，这件事抗争了很久，直到现在，我妈都想让我像我爸一样去考公务员。”

除了父母，这一路让韦强觉得心寒的还有很多曾经的同窗和朋友。90 后的个性都很鲜明，再加上基本都是家里的独生子女，所以性格方面都很要强，共同存在的一个问题就是“好高骛远”。在你极力想做好一件事情的时候，是不会轻易得到任何同龄人的认可的。韦强娓娓道来：“当时我们大学班上是没有一个人支持我开网店，有人会认为开网店有什么了不起，有人会看不起我这个创业梦想等。比如说上课的时候老师偶然提到我开网店的事情，有些人就会‘切’的一声来结尾，其实我听了之后真的会很心酸，有一种孤立无援的感觉。我当时最直接的感受就是冷漠，而且他们还是我的同学，那种感觉确实不好受。用一句话总结就是所有人都不看好也不帮助。”

有句话说得好：“当你比别人优秀一点点的时候，别人会不屑一顾，但是你比别人优秀太多的时候，别人就只能仰望和羡慕你。”这句话放在韦强身上特别贴切。韦强用自己对于梦想的坚持证明了阳光总是在风雨后。

梦想不止，脚步不停

当我问到韦强学长他是否认为自己创业成功时，他自信地回答道：“成功啊，为什么不成功，我这几年的销售额已经达到一千多万元了，这不是炫耀，而是自我肯定，在这个阶段能达到这样的水平，对我而言就是一种奇迹。”“小马鞋铺”不仅是一家店，它更是韦强的生活态度和风格的表达，他把这些都融在店铺的设计当中，与买家交流。能从事一份自己感兴趣并且喜欢的工作，确实非常难得。他说：“不过这些都是过去式了，我现在要做的是思考如何让‘小马鞋铺’发展得更好，让这份成功得到延续并跨上一个新的台阶。”

采访的最后，韦强告诉我，现在淘宝店铺的信誉等级晋升成了两个“皇冠”。2015 年“小马鞋铺”的年销售额达到了 205 万元，而受金融危机影响严重的 2014 年，年销售额也达到了 187 万元。截止 2016 年的 1 月，“小马鞋铺”7 年来的总销售额已经超过了一千万元。面对如此可观的业绩，韦强并没有止步不前，如今他已经在筹备二次创业的事了，他打算在家乡广西开一个中式快餐店，店铺和装潢都已经设计完毕，春节后就可以开业了。“我还是会一如既往地走自己的风格路线，我永远相信‘走心’比表面上的东西更吸引人。我之所以选择开快餐店是给自己留最后的退路，我想要线上和线下一起发展，用两份收益来巩固如今的生活。另一方面，我也是希望能让我的父母心里踏实，不会觉得我不务正业。如果以后有机会，我还会向更多方向发展，梦想不止，脚步不停。”

每个人都是生活的旅人

——访 2011 级行政管理专业

新疆建工监理伊犁铭联分公司昭苏项目部副经理曹江

执笔：2014 级新闻学专业王思雨

指导老师：王大江

> 生活恰似一场或甜或苦的旅行，我们穿梭其中奔波四处。到最后再回头过来反复阅读才发现，每一次的行走都会让我们学会更多人生百态。
>
> ——曹江

2011 级行政管理专业曹江

生活对于他来说就像是一次永远在兜兜转转的行走，来自 2011 级四川大学锦城学院文学与传媒系行政管理专业的曹江几乎是在毕业后就选择了匆忙的生活。毕业后选择开网络菜店的他几乎每天都在重复着从城北跑到城南运送货物的日子，他在匆匆来往中似乎早已走熟了成都的大街小巷，走遍了春夏秋冬的天府之国。而他的故事，却并未停止。如今重新规划人生后的曹江作为新疆建工监理伊利铭联分公司昭苏项目部的副经理，依旧奔走在各个大大小小的工地上。他秉承着“吃得苦中苦，方为人上人”的信念，坚持和完善着自己的创业梦。

做一个有态度的创业者

对于曹江来说，创业的想法似乎从他进入大学开始就已经扎根在了他的脑海之中。在日常生活中，他就已经开始时时刻刻地关注着关于互联网兴起的新兴行业，与此同时，他也会自己去思考一些关于创业的点子，不管最后能否实现，他都会给自己的点子制订一个完美的计划。而在校的实训时间也给了他更多的机会，大一下学期他作为文传系学生实训平台鑫政会务公司外联部的干事在对外联系途中认识了一位做电子产品批发的朋友。在与之交流的过程中，他拾起了自己以前的点子，想在校园内销售电子产品，其模式就像是我们现在常谈起的微商，不过那个时候这个词语并不流行，也很少有人选择去做这样的生意。这样的选择让当初的曹江尝到了甜头，每个月都有千元的收入，自己的团队也似乎一帆风顺，这段经历让他积累了足够多的创业经验。

不可否定的是，大二期间的创业大赛也让曹江学到了很多东西。“你在当时能得到的东西是十分有限的，但是之后你会受到无穷的启发。对于我而言，创业大赛让我认识到一个好的团队是非常重要的。我们学校的创业大赛真的是一个非常好的激发我们创新的机会，在其中，我把我很多想过但没有实现过的点子成功推演出来，同时这为我后来创业寻找自己的团队和方向提供了很大的帮助。”

当初的他仍然想选择在毕业后获得一个安定的工作，也没有想过一毕业就去选择创业。对于曹江来说，刚毕业的自己经验不多、阅历不足，况且那个时候的他并没有足够的资金去创业。所以在大四期间，他选择去中铁二院实习，想找到一份安定的工作。

然而实习结束后他并不满意当时的结果，在了解了成都的就业情况后他也开始感到迷茫。在他不断思考人生的时候，他遇到了以前同在足球队的2010级对外汉语专业的学长唐建忠，正是这位学长带着曹江走上了真正的创业之路。

互相交谈中，唐建忠向曹江介绍了自己关于新鲜蔬菜外卖的项目，在深入了解后，曹江发现，在资金有限的情况下，蔬菜外卖所需要的投入更少，市场风险也更小，所以他选择了加入唐建忠的项目，开始了他的创业人生。

别出心裁的创业路

出于成本、风险以及消费习惯等方面的考虑，曹江和他的团队准备开一个只属于他们自己的网店，网店的主要业务就是新鲜蔬菜的配送。

“通过互联网销售蔬菜、水果、盆栽，节省了我们大量的时间，出于成本的考虑，我们采取的是提前一天下单次日送达的模式。”互联网解决了曹江团队资金和蔬菜保鲜方面的问题，网店也给他们的营销模式的实践提供了可能性，他们也不需要去承担备货的风险。

阿里巴巴已经培养出了现代消费者网购的习惯，当新鲜蔬菜也可以在网上购买而且还免费配送的时候，这无疑会吸引很多没时间去菜市场、超市购买新鲜蔬菜的上班族。成都拥有一个庞大的消费市场，这为他们的创业提供了很多的机会。但是选择开网店去销售新鲜蔬菜同样有很多的麻烦及问题。

由于淘宝网特殊的运营模式，运转资金成了他们网店最大的麻烦。在他们送达货物以后，总会有部分顾客忘记确认收货，因为只有在顾客确认收货以后他们才能拿到钱。这种情况使得他们的钱被卡在淘宝中无法取出，他们只能去借钱继续运转。

同时，网店面临的另一个巨大问题就是客户的信任度。在很多人的思维中，似乎淘宝上绝大部分的东西都是假货，而他们销售的是新鲜蔬菜，顾客看不到实物，这更加深了顾客的疑虑。对于很多新顾客来说，第一次体验是至关重要的。所以，曹江团队十分看重蔬菜的新鲜程度以及送货上门的态度，因为只有做好这两方面他们才能留住顾客，才会有回头客。而这样的态度让他们收获到的是接近满分的评分以及源源不断的回头客。

曹江和他的团队选择了一个与众不同的创业方式，他们将本该进行在嘈杂菜市场的买卖牵引到了网上，为许多的顾客节省出了更多的时间。

一路行进总会拥有温暖

曹江和他的团队将自己公司的落脚点选在了成都市 2.5 环附近的一个普通住宅楼的一楼。这对于刚开始创业的他们来说，房租便宜，而且更方便搬运货物。他们的办公点也靠近蔬菜批发市场，方便他们采购最新鲜的蔬菜。为了方便配送货物，他们购买了两辆二手电瓶车。

在网店上线后，他们开始陆陆续续地接到订单，这使刚开始创业的他们无比兴奋，他们在次日早晨六点半便起床去蔬菜批发市场采购蔬菜，在采购完后进行分装和选择送货路线。之后，他们便踏上了送货上门的道路。吃点简单的早餐，却不曾停下前行的道路，在这以后的每一天，曹江的生活都在重复着这样的节奏，辛苦却充实。

获得第一桶金的曹江团队无疑是十分兴奋的，而后稳定的发展让他的收入维持在了每月一万元左右，有的时候他们也会接到大单——公司采购。而除了蔬菜的配送以外，他们同时也做新鲜水果的配送，这对于他们而言是更为赚钱的。他们也遇到过大方的客户，直接支付了两万元让他们去配送水果。曹江团队用五个月的利润买了一辆二手面包车，这让他们之后的配送更加快速。

创业的生活无疑是十分劳累的，从每天的采购到后来马不停蹄的配送。曹江在创业过程中几乎走遍了成都的大街小巷，他遇到过这个城市很多美丽的风景，却无心去欣赏。

但是，在一路的前行之中总会有温暖支撑着他们，送货上门后顾客的一句“你们辛苦了，麻烦了！”都会让他感动。11 月份有段时间连日细雨，送货到顾客家门的时候他早已被淋湿，而总会遇到好心的顾客为他递上一把伞，告诉他辛苦了，再忙也要照顾好自己的身体。也有顾客会在收货后和他们闲聊几句，也会有人感叹着他们创业的不容易，告诉他们一定要坚持下去，努力的人都会获得他们应该得到的东西。

人生总有太多选择

是的，创业总会遇到很多困难，有时候他冒着雨被堵在泥泞的水洼里，有时候他的电瓶车会被偷走。但这些对曹江来说都不是最大的困难，最大的困难是如何在枯燥重复的日子中时刻保持激情。同时，曹江和他的创业伙伴之间缺乏深入交流，他和他的团队没有一个共同的规划，而没有定期的深入交流让他开始觉得大家的目标、想法还有最后想走的路都开始慢慢渐行渐远。

他有远大的目标，他想去成就一种关于蔬菜的销售模式而不只是停留在只是养活自己的目标上，他想要寻找更多的机会去提升、充实自己。对于他而言，现在他还不是一个有足够能力再去创业的人，所以他选择了离开。

人生路上，总是会遇到太多太多的选择。他可以死心塌地地选择创业，可是在他意识到自己的目标和自己想走的路以后，他也可以坚定地选择离开。而对于曹江来说，不管是什么样的选择，都是为了他今后的创业，不管他在做什么，他的目标一定是拥有一个自己的世界。

离开是为了更好地充实自己

离开创业团队后的曹江回到了新疆，去自己家中的工程监理公司上班。在他的心中，不管现在在做什么，做多大或者多小的事，都是一个充实自己的过程。

在新疆，曹江每天都在各个工地之间跑现场，学习以前他从未接触过的东西。偶尔闲下来他也会想起在成都的生活，怀念以前和自己团队一起辛苦奋斗的日子，但是他从未后悔离开成都。

“创业需要考虑的东西很多，但创业最有意思的就是会遇到很多挑战。所有的事情结果都是不确定的，所以需要我们不断地去调整和面对。而在面对以及处理事情的过程之中，你会更加了解自己，也会发现更好的自己。”

离开成都后，曹江依旧在辛辛苦苦地工作着，只是换了一个地方继续着自己的梦想。

从一开始的行政管理专业转行到工程监管，对曹江而言是一个巨大的挑战，他需要重新去了解各种相关知识。他会在每天的空闲之时阅读相关资料，弥补他在专业知识上的空缺。

工地上的奔走对于他而言，是一个真正的实践机会，他可以在实践中将他所积累的知识一点点落实下去，只有自己真正做过了或是了解了，才知道哪个地方该怎么处理。

同时，不停地奔走也为他提供了向更多熟悉这方面工作的人学习的机会，不管如何，这些人都比他更了解这个工作，他从他们那里可以学习到更多的可能自己没有发现的东西，他们也会告诉他很多可能需要时间积累才能得到的经验。

“多看，多了解，多问，多积累。”对于他而言，弥补专业漏洞最好的方法可能就是马不停蹄吧。况且，在他心中，他一直清楚自己是要去做一番事业的，他需要去学习更多的东西，这些东西不是局限在一个方面。在工作之余，他也会思考未来——未来的他会去开始关于什么方面的创业、他想要一个什么样的团队、他的目标是什么，等等。

“我能做什么，我选择做什么，我怎样去把这些东西做好，还有我应该用什么态度去做。这些都是我在后来的总结之中学习到的东西。我梦想去做一番事业，我的离开可以让我对自己有新的认识。同时也提醒着我去学习更多的东西，去充实自己。当然，无论如何我都不会放弃走创业这一条路的，因为这是我的梦想。”

给自己时间去总结自己

在思考和总结之后，曹江告诉自己，首要的是寻找一个真正可行的项目。他在大学期间思考过很多点子，但到了最后除了点子以外，还要结合现实，有的时候点子可能看似十分完美，但是不一定可以付诸实践。曹江说：“在做每件事的时候，都要对自己将要做的事和做的选择进行足够的了解。”

在几次创业的过程中，曹江学会了从整体考虑问题。创业的第一桶金或者是前期的一帆风顺总会让人感到满足而选择停留不前，这样的情况会出现在很多创业者身上，他们只关注到了一个点的变化，却没有发现整体的发展或变化，这使得他们的创业到了中期就开始出现颓势。所以在曹江心中，他觉得从整体去考虑问题是十分重要的。

当然，和自己的伙伴沟通也是十分重要的，这是曹江在前几次创业中所获得的经验。他的创业永远不是单打独斗，他会选择属于自己的团队，然后和自己所信任的人一起工作。但是在一起工作的时候难免会出现想法、目标不同的时候，如果这个时候不进行沟通，创业就难以继续。

“大家最应该做的一件事就是相信自己。有的时候一次两次创业出现了问题，你就会开始怀疑自己是不是可以继续创业，自己是不是还有能力继续把一件事情做好。每当我遇到困难和问题的时候，我也会问自己这些问题，但是之后我都会告诉我自己，我有规划有目标，我还有我的团队陪伴着我，没有什么事情是不能做到的。”

每个人都是生活的旅人

比起别的创业者，曹江更像是一个生活的旅人。他辗转几次，做过不同的创业尝试。他曾在春雷冬雪中穿梭在成都的每一条大街小巷，他见过很多世俗人情，也错过了很多的风景。他忙碌地穿梭在这个看似平静的城市中，过着属于他自己的生活。可能对于大部分的旅人来说，他的脚步太过匆忙，似乎从没有在一个地方停留太久。但是对于他而言，这就是他旅行生活的方式。

未来的你总会想去感谢当初的自己

——访 2011 级行政管理专业荣县华瑞旧车服务中心负责人龙伟

执笔：2014 级新闻学专业王思雨

指导老师：王大江

2011 级行政管理专业龙伟

每个人在自己的人生路途中都会做出很多选择，有的人选择一成不变，有的人选冒险与冲击。来自 2011 级四川大学锦城学院文学与传媒系行政管理专业的龙伟就是一个选择冒险的人。他向往自由，却对自己的人生有着明确的规划。如今的他，拥有幸福美满的家庭，也坚持在创业的第一线，甚至有着一日出售一辆旧车的傲人业绩。

安稳的求学之旅

龙伟的大学生活安安稳稳，唯一算得上“轰轰烈烈”的事件就是报名参加过一次感恩晚会，站在聚光灯下表演。这描述起来似乎太过平常了，但也的确是龙伟波澜不惊的大学生活中的一抹重彩。

和大多数普通大学生一样，龙伟在大学生活中扮演着中规中矩的角色。他为自己的大学生活规划过却又随性地把这些计划抛之于脑后。他参加过创业大赛，跟着土木专业的伙伴为了创业方案彻夜苦恼过，或许那个时候的他还不知道，创业的想法早已在他的脑中埋下了种子。

人生总是充满选择

龙伟遇到过很多选择。

起初，他也想过像计划中的人生一样，大学毕业找个工作，然后成家立业安安稳稳度过一生。他去参加了公务员考试，成功地通过了面试。在毕业后也顺利找到了一份工作，一切都像计划中的那样，他的生活安稳而又规律。

后来，他迎来了毕业后的第一次选择。从稳定的岗位上退出，选择走上创业的道路。

大概是因为喜欢车的原因，所以他将自己的创业定位到汽车行业。与父亲反复商讨后的龙伟，最终开起了他的第一家店——华瑞旧车服务中心。

“我每天都在和不同的人交流着。”

对于龙伟来讲，从零开始的创业，最难的部分就是与人交流。

“我并不是一个专业的创业者，我什么都不懂，毕业工作了一段时间就跑出来创业，所以我最缺的东西就是人脉。一个刚毕业的学生哪有那么多的人脉，所以我就慢慢摸索。我每天都会遇到不同的人，和他们交谈着不同的话题。有的人和善，有的人不想买东西，但是你还是必须和他们好好聊天。交流让我学到了很多东西，我可以和很多的人交朋友，我的店也可以从他们口中往外传，这就是我所想的人脉关系。”

开始创业后，龙伟花了很多时间去积累人脉，就像他自己所言，他的工作就是和不同的人打交道。他遇到过很多种人，有过豪爽的客人，在他面前开门见山，直接付钱。对于他来讲遇到这样的顾客是最简单也是最方便的，但毕竟这样的顾客并不多见，更多的顾客都是十分挑剔的。

他也遇到过拖泥带水的顾客，每天询问他不同车的价格或者订购了车后又反悔不买。“这种跑单的现象有的时候其实挺尴尬的，你可能因为签了他的单所以拒绝了其他顾客，但是最后他又不买了。”

“顾客是上帝，他们说什么及有什么要求你都得受着，心里再不爽也要服务好他们，不同的人有不同的应对方法，但无论如何，学会和人打交道是很重要的。”

在龙伟眼中，人脉需要积累，不是一朝一夕就可以拥有的。而当他进入到这个行业以后，他的人脉都是靠真诚堆砌起来的。“正所谓以心交心就是不管怎样的顾客，你用心对待他，重视他的需求，他总会回报你一颗真心。”

困难困住了你，但你要走出去

创业是很困难的。龙伟像很多男孩子一样对汽车有着疯狂的热爱，但是真正做起这行来，都会遇到各种问题。

创业初期，龙伟对很多与汽车相关的专业知识并不了解，只是凭着自己的一腔热血坚持着。在往后的日子里，他开始去了解各种关于汽车的专业知识，从平日里的闲谈、电视上、网络上还有各种书本上学习他所需要的东西。“当你知道了更多关于汽车的东西，你就更喜欢，更想把这些东西做好。”

“其实二手车的变数很大，或许你今天看它是一个价格，明天它又是一个价格。所以我几乎每天都要去关注每种车价格的变化，只有这样才能保证不亏本，让想在我这里买车的人满意。”

价格的不断浮动还有各种市场需求的变化使得他买卖十分吃力，龙伟必须第一时间掌握各种价格以及市场需求的变化，只有这样他才能调整价格，才能满足顾客需求。

人生就如同一座又一座的城，困难给你关上了一座通往城外的门，你必须去找寻到那把开锁的钥匙。对于龙伟而言，他的面前有很多的门，门上是各种各样的锁，但是他从未想过要放弃，每个行为或者是每个选择都是在帮助他去寻找这些钥匙，然后一点点去打开那些阻碍着他的门。

在瞬息万变的世界里，勿忘初心

谈起最近一年来的生意，龙伟并不满意。

因为今年经济的下滑，龙伟的生意也并不是一帆风顺。前来购车的人开始变得越来越在意细节，似乎希望在各种小地方省点钱，但是降价太少又让他们不太满意。又因为近年来“有车一族”的人数不断上涨，对二手车有需求的人也慢慢开始减少。对他而言，这一年来的生意的确是不好做了。

但是龙伟从来没有想过放弃。

对于他而言，他喜欢的就是这种生活。他之所以选择走出来创业而不是在一个地方工作到老，是因为他的初心，也是他的爱好。

“你不能因为钱赚少了就放弃，这个世界变得那么快，如果为此你就要放弃，那你的人生不就是在放弃中循环浪费了吗?”

不可否认的是，龙伟当初选择出来创业的一个原因就是毕业后的工资并不可观，但是对于他而言，当他选择走上创业这条道路时，他就已经选择了自己的初心。

他很喜欢汽车，所以他选择了做这些东西。如果因为赚钱少就选择放弃，那么就是否定了自己过往的努力。

如今龙伟的生意依旧在稳定地发展着。他的店铺已经扩大至五个门面，每月平均都有20多辆甚至更多的旧车出售，而他的年销售额最大时也达到了数百万元。

对于他而言，遇到再大的困难，只要保证自己的初心不变，总会得到自己应得的东西。

人需要软肋，也需要盔甲

如果说创业占龙伟生活的二分之一，那剩下的二分之一肯定是他的家庭。

除了是一个老板之外，龙伟同时也是一个“晒娃狂魔”。他的手机相册里除了汽车，剩下的基本就是他的妻子和孩子。白天他游走在各类顾客之间，满足着他们的需求。晚上，龙伟还是一个全职奶爸，尽心照顾自己的孩子，这样充实的生活，对于龙伟而言却是无比幸福的。

家庭，同样是他的盔甲。

创业中的龙伟会遇到各种各样的问题，也会有很多的东西干扰着他，但是每次只要想到自己的妻子和孩子，似乎所有的东西都是微不足道的。或许是因为家庭的原因，龙伟开始变得格外成熟，他慢慢扛起了所有的担子，家庭给了他责任，也给了他盔甲。

现在的龙伟，最大的愿望就是能够完全自己出资买一套房子，不依靠父母的帮助，就靠自己的努力去构建一个自己的家，然后给孩子最好的条件去支撑他的成长。

家庭可以说是支撑龙伟走下来的最大动力，因为有了家庭，他才知道自己身上的责任有多重大。他不再是当初那个随心所欲的他了，因为他不再是一个人，他的身后还有他的妻子和儿子。

“我需要为他们遮风挡雨，他们也支撑着我风雨无阻。”龙伟说道。

生活还在继续，脚步不能停下来

现在的龙伟，变得越来越健谈了，在与人相处之中，他变得越发幽默起来，而顾客似乎已经习惯了这个有点诙谐的老板，还介绍自己有需求的朋友去他的店里。好像每天都在重复着一样的工作，但是遇到不一样的人会使得他的工作鲜活而充满变化。

现在的他，每天也都在观察和了解不同的汽车及不同的报价，瞬息万变的价格波动都被他熟记在心，他也说笑道自己就像是台机器，不过是台专门管汽车的机器。

现在的他，或许每天也还是起早贪黑，有的时候晚上 9 点多还堵在回家的路上，堵车的时候龙伟会翻翻自己手机里关于妻子和孩子的照片，看看自己记录的孩子最单纯的瞬间，似乎这就可以让奔波的他感到满足。

现在的他，每天晚上回去还是在做着他的全职奶爸、晒娃狂魔。孩子一天天在长大，而他也在期待，期待着自己的孩子开口叫第一声爸爸，期待着自己孩子走出的第一步、第一次自己吃饭、第一次自己睡觉、第一次……

现在的他，偶尔也会想起当初那个随性的自己。但是他却发自内心地感谢着当初的自己，就算当初的选择让现在的他有苦有泪，但是他却无比满足，也无比幸福。

“生活，总是要继续。我可以因为某些事暂停一下自己的脚步，但是我不能一直停止不前。以前的我可能就是不想待在一个地方听着别人说话，自己还没有主权，所以我辞职了。但是现在的我，做着自己的事、过着自己的生活，我过得很开心，更何况我每天都在接触着我发自内心喜欢的东西。”

希望未来的你，不要后悔当初的你

“每个人都有自己的人生和选择，不能因为我的一些话就改变自己的想法。我的成功或者失败并不意味着你们的成功和失败。你们可以去过不同的生活，因为总会有一种生活是适合你们的。创业也好、考研也好、留学也好，还是出来找一份稳定的工作过着朝九晚五的生活也好，这都是你们的生活。不要因为别人的想法或者是别人的理所当然就向现实投降，而选择不一定适合你的生活方式。如果你和我一样，要走上创业这条路，希望你能找到能够支撑你一直走下去的东西，有的时候所谓的兴趣是不堪一击的。同时你要真正明白自己需要的是什么，差的是什么，还有你要努力的东西是什么。但是不管你选择了怎样的生活，我都想把一句话送给你们，希望未来的你不要后悔当初的你做出的每个选择，如果你做到了，那你就真的拥有了生活。”这是龙伟赠予学弟学妹的肺腑之言。

与大多数创业者的人生相比，龙伟的创业是真正的平静甚至是平淡。没有轰轰烈烈的大事，也没有什么曲折的故事，有的只是他的选择和坚持。比起更多的创业者，他似乎也更容易满足，没有太大的野心，但知道自己想要什么，也知道自己可以得到什么。所以他每一步都走得很踏实，而他的态度和用心也让顾客记住、信任了这样一家店。

“谢谢过去的我做了这样的决定，现在的我挺好的。如果什么时候真的可以穿越回去，那我肯定会感谢过去，然后告诉自己，坚持下去吧，因为总会拥有更好的生活。”

02

走出象牙塔 文传创业之星

第二编

感恩社会 投桃报李

大学生就业问题，关系大学生的切身利益，更关系社会经济发展、民生改善和社会和谐稳定。四川大学锦城学院深入贯彻落实中央和教育部的要求，以办人民满意的教育为目标，提升人才培养质量，促进学生就业工作，以新思路和新举措确保学生就业工作取得更大成效，为建设西部领先、中国一流、世界知名的应用型、创业型特色大学而不断奋斗。

建校10年来，学校每年平均就业率都在98%以上。高就业率的实现，其中也有创业校友的贡献。据不完全统计，学校2015届毕业生成功创业人数高达164人，历年创业人数超过500人，校友创业率近3%，一大批毕业生从就业岗位的竞争者变为就业岗位的创造者，为社会提供了2万余个就业岗位，真正实现了以创业带动就业的良好局面。

文学与传媒系始终把学校“三讲三心”明德教育作为教书育人的根本。“三讲”即讲诚信、讲礼仪、讲感恩；“三心”即对国家人民尽忠心、对父母长辈尽孝心、对同学同事尽爱心。文传系的创业校友们也始终不忘初衷，感恩母校，回馈我系。文传系的学子们提出“文传、责任、光荣”，并把它传承延续。在创业校友中，有的为学校和系上捐款捐物，有的回到学校交流讲座。在创业的同时他们提供了更多就业岗位，为学校毕业生创造了更多的就业机会。本编收录了部分创业初获成功即为社会提供就业岗位的文传学子的事迹。

做好准备再出发

——访 2006 级广告学专业
绵阳万家房地产开发有限公司总经理王明

执笔：2013 级行政管理专业詹盛奇

指导老师：杨骊

2006 级广告学专业王明

再战高考，缘系锦城

对于很多人而言，高考是人生一个重要的转折点。用六年时间做代价，为三天做准备，以换得可以选择自己心仪大学的机会，从此打开新世界的大门，踏上一段只属于自己的人生旅途。而本文的主人公王明却与众不同，他念过两个大学。如今的他想起当初的境况，想起当初那个艰难的抉择，却能微笑着说直至今日他仍然不后悔，这是他一次珍贵的人生经历。

2005 年高考成绩下来以后，王明选择了西华大学。而此时距离西华大学只有五公里的西源大道上，一所新办的独立学院迎来了它的第一批学生。进入西华大学一个月后，王明对所学的专业感到十分迷茫，不知道应该怎么做，他开始怀疑选择这个专业的对错，周围的环境也像一团散不开的迷雾把他困住。成都冬季的阴冷和连绵的小雨给王明大学的第一个元旦凝上了一层细霜，此时他心里已经萌生了退学的念头。对于大多数人来说，或许大学退学是一件十分疯狂而荒谬的事。放弃眼前无忧无虑的安逸生活，回到那个紧张压抑的高三，这样的做法无疑遭到了很多人的反对，这也包括他的父母。在王明的坚持和说服下，他的父母尊重了他的选择，不干预他的人生，但是让他做下了认真复读的保证。“父母爱其子则为之计深远，古人诚不我欺。”于是元旦结束后，王明办了退学手续，回家开始备战 2006 年的高考。

王明谈到，当时刚回家复习的时候他不太适应，从放松的大学课堂到紧张的高三生活，他经历了一个循序渐进的适应过程。整理好自己的思绪后，他面临的第一个问题就是对课本的生疏和对知识点的遗忘。半年没有接触了，脑中零散的知识需要不断回想和梳理，复杂的数学公式和繁多的英文单词也让他感到苦恼，他曾一度感到失落与惶恐。在家复习两个月后，新一轮高考报名也在紧锣密鼓地进行。王明去了离家不远的一所高中上学，此时他脑中只有一个字“拼”。回忆起那段时光，他说他最深的感触就是当你专心投入到一件事情上面时，根本感觉不到时间的流逝，初升的朝阳，也许一眨眼的工夫就变成了傍晚的夕阳，人生变化，亦如此理。

高考如期而至，王明既忐忑又莫名平静。成绩出来后，王明开始挑选大学，而刚满一周岁的锦城学院也即将迎来它的第二批学生。这个两次参加高考的男孩将自己的未来托付给了一所刚刚成立不久的大学，没人能预料到他在这所大学能开启怎样的人生征途。进入锦城学院，王明发现比起设施完备的西华大学，锦城虽然设施简陋，很多地方还在施工建设，但校园里的一切都充满着生机和斗志。想着自己复读的经历，王明觉得自己与锦城是如此的相似，他有种预感，他与锦城学院将共同成长。在锦城学院，他找到了自己寒窗十载的精神归宿，今后四年，他打算在这里做一颗种子，生根发芽，长成参天大树。

立足锦城，选择文传

尽管已毕业六年，可每每谈到锦城学院，王明的眼中都会流露出无限的憧憬和回忆，锦城学院在他心中的地位更像是一处心灵的港湾。回想大学时期，他说："宿舍、食堂、教室、图书馆都是我固定的去处。实习时每天晚上回到宿舍休息，就突然发现学校是一把保护伞，开始有了家的感觉。毕业了，在社会上摸爬滚打了几年，随着时间的流逝，有一天我突然记不清楚学校教学楼和宿舍的样子了，而老师的音容笑貌却分外清晰，此时的锦城学院是我在内心构建的一个精神世界。所以只要有时间我就回学校看望老师，顺便看看学校新增的教学设施和新建的'高楼大厦'。现在留在成都工作的很多同学，每年也都要回学校看看老师，去尝尝食堂的饭菜，去操场上走走，去以前的老宿舍逛逛，锦城学院难忘呀。"

对王明来说最怀念的那肯定是师生之情。王明说锦城学院的老师颠覆了他对老师的固有印象，十几年的应试教育让他对老师怀有一种本能的敬畏和距离感。王明说："锦城学院的教学是有特色的，学生随时可以进系主任办公室找他聊天，只要他有空就会和我们畅所欲言。大家在他的办公室没有任何拘束，完全就是在和一个知识渊博的老者交流。”在他看来，系主任毛建华教授既是良师也是益友。在锦城学院，他是文学与传媒系这面旗帜的灵魂；在课堂，他是循循善诱、诲人不倦的老师；在课下，他是平易近人、耐心倾听的益友。而在王明的大学生涯中，张中一教授也是他最尊敬和怀念的老师之一，因为张老师既是一个建筑学专家，也是一个营销专家，还是一个宝石鉴定学的专家，更有崇高的师德。在王明眼里，张老师是一个全才，值得学生尊敬和崇拜。

“可能是天妒英才吧！”王明说，在他们毕业后，张老师不幸因意外逝世。“当时我们班的同学在群里得知这个消息后都感到无比悲痛，如今仍有很多同学怀念张老师的课堂。”对于王明和他的同学来说，锦城学院是他们心中理想的寄托，当他们被社会打击得身心疲惫回到校园的时候，并没有先走进图书馆回忆自己的读书生涯，也没有躺在爱心湖畔追忆时光流逝，而是走进教学楼、走进办公室看望自己的老师。我想起了清华大学第一任校长梅贻琦先生曾经说过的一句非常经典的话：“大学之大，非大楼之大，乃大师之大。”

在王明看来，毛建华教授和张中一教授教会他的不仅仅是专业知识，还有许多为人处世的道理。

历练大学，萌芽创业

十年前，大学生创业并不是一个很热门的话题，而与之相关的优惠政策也不尽如人意，所以多数大学生毕业后更愿意选择一份相对安稳的工作。大家明显可以感受到锦城学院和其他学校不一样的地方，学校充满了生机，所有的一切都等待着你去开垦和发现。从学生到老师再到校领导，学校的每一个人都有着很强的冲劲，而老师对于学生的想法和行为给予的更多的是指导和鼓励。系主任毛建华教授就很喜欢有自己想法的学生，在与他交流创业想法的时候，他会给予大家很好的建议和帮助。

王明 2006 年来到锦城学院，而一年前入学的广告学专业的学长就已经在老师的指导下创建了“DMT”和“彼岸传媒”两家模拟公司。这些模拟公司后来被统称为“实训平台”，成为现在文传系的一大特色。系内的每个同学都可以选择自己喜欢的“实训平台”，在平台内将自己在课本中所学的知识运用于实践。王明当时选择了与自己专业对口的“彼岸传媒”广告公司，他回忆说，当时“彼岸传媒”算是自己人生中加入的第一家公司，它为大家营造了一个很好的创业氛围，它不需要你有什么技术，更不需要你的学历，它为你提供学习的平台，在学习的同时让你展现自己的所学。在“彼岸传媒”，王明第一次接触到了公司的基本构架和运行模式，而后开始慢慢形成了他自己处理问题的思维方式和做事习惯，也就是从那时起，自主创业的种子在他心里生根发芽。

王明第一次走出校门去创业是大二的时候。那年四川发生了汶川大地震，震后政府积极组织灾后重建工作，而重建工作需要大量建材，可灾区有限的市场根本供应不了。于是政府和企业就组织成立了一批重建单位，它们的职能就是采购各地建材运往灾区。所以，王明和室友决定走出校门为灾区输送所需建材，可还未走出校门，他们面临的第一个问题就出现了——启动资金。王明和室友们只好寻求家人支持，在与父母反复讨论后，得到了部分资金，另外一部分资金是他大一时在学校做小本生意所积累的，就这样，几个人凑够了第一笔资金。虽然当时凑的钱不多，但确实让他们感觉到那是一份沉甸甸的责任，王明至今都记得当时拿到资金时内心的紧张。筹备完资金后，几个人雄心壮志地想走出校门历练一番，此刻每个人心中都是既紧张又兴奋。也许是机缘巧合，室友们分别来自不同的专业，每个人的上课时间都是错开的，所以谁没课谁就去校外联系供应商。刚出校门面对着偌大的成都，几个人却有些无从下手，但谁也没有退缩。几个人先是四处考察，把成都逛了个遍，然后经过反复筛选和对比，决定从成都的龙泉采购建筑材料，最后供应到德阳的灾后重建单位。这样大概持续了半年时间，几个同学挣到了大学四年的学费和创业的第一桶金。

那段时间后，王明并没有因为赚到钱而沾沾自喜，而是思考以后的规划。王明清楚地知道他目前思想不够成熟，所做的项目只能称之为赚钱，是一种很低级的商业模式。一直到毕业，王明都没有再出去做其他的项目，虽然有过一些关于创业的想法，但最终都没有实施，他把更多精力都放在了学业上，他想只有在大学时使自己的羽翼丰满了，以后才能飞得更高更远。

同窗情谊，合伙创业

毕业如同成都夏季的夜雨，悄无声息地落在了王明的肩上。毕业季的广严大道上漫天飘舞的柳絮更是带来了几分离别的忧愁。合影的人群中，王明正在和同学留下宝贵的记忆，大家对着相机争着摆出不同的姿势，做各种夸张的表情，都想在毕业后留下些值得回忆的东西。面对镜头，王明心中却出现了些许迷茫。回忆那段时间，王明说，毕业后他想过考公务员，也想过去其他国有企业或者事业单位，可是总觉得与自己性格相违背，比起稳定的工作他更愿意去闯一番事业。可面对复杂的社会，王明也不知道可以做些什么，而此时一百公里外的绵阳，家中几位长辈让王明回家与他们一起经营公司。在收到这个消息后王明不断地思考和斟酌，最终决定回到绵阳和长辈们一起创业。

回到家后，王明和几位长辈创立了绵阳市万家房地产经纪有限公司。他回忆道：“从事的行业虽然和大学所学专业不对口，更没有技术上的直接联系，但是大学带给我的思维方式和学习能力对我现在的工作有明显的促进作用。大学期间所学的广告学专业知识也让我能够更好地运用一些宣传手段来拓展目前的业务，广告学带给我的思维模式让我比其他的竞争对手更了解新媒体平台的重要性。这些是我在接触这个行业以前没有想到的。在学习专业知识过程中，它潜移默化地培养了我的思维方式、学习能力以及如何认知人与人、人与物之间的关系。在社会迅猛发展的浪潮中，任何技术都会过时，但是掌握到学习技术的能力和应用技术的方法却是永久的硬技术，所以说学习事物的方法要比所学习的事物重要得多。”在与长辈们创业的过程中，王明发现自己要学的东西太多了，以往在他的认知中，“创新”这个词属于他这代人，可在创业的过程中他才明白，一个项目的创新点只占百分之一，剩下的百分之九十九都是基础。如果没有那百分之九十九的基础，百分之一的创新点将无从谈起。真正的创业与这个刚毕业的大学生脑中所勾勒出的画面还差得很远，王明只有不停地向周围长辈们和同伴学习才能走得更远。

长辈们耐心的教导和王明虚心的学习，让他在创业的过程中迅速成长起来，现在的他做事越发严谨，思考问题更加全面，就像是潜伏在峭壁上的雄鹰，随时准备展翅翱翔。一个阳光明媚的午后，王明收到了一个大学同学的邀请：一起众筹一个项目。王明不由回想起了当时大学几个室友一起做建材生意时的情景。白天忙完工作后，晚上一行人开车往学校赶，几个人换着开，谁困了就睡觉，不困的时候大家就一起唱歌。想到这里王明不觉心动了，可是他依然保持着理性的头脑，在了解完具体项目后，王明决定和同学一起投资。在投资的过程中似乎又找到了大学时期同窗的感情，但即使是亲兄弟大家也要遵守游戏规则，这一点他觉得是自己这代人和上代人不太一样的地方。大家如果想要合作，首要的原则就是要讲规矩，也就是所谓的“契约精神”。他说“我们现在把钱投到一个项目中，账目和财务肯定不是同一个人，钱也不是打到个人账户上，而是打到公共账户上，银行通过短信形式每周每月都会报告”。对于创业初期来说，很重要的一点是双方合作的基础不是人情关系而是“契约精神”，那么人情关系是否重要呢？王明认为也是很重要的。

因为王明所在的企业是房产企业，所以公司人员很精简。十多个员工，大部分是工程部的，剩下四个文员，其中两个会计，一个办公室干事，一个是王明。公司目前重点项目是绵阳的一个旧城改造项目，把棚户区改造成仿古商业街。前一段时间王明还去学校请教过毛建华教授，现在正在和政府谈合同细节。因为刚刚起步，许多细节和项目名称正在拟定。目前传统的地产项目不是很景气，所以王明想发展一些新项目，王明公司去年的销售额在1500万元左右，在绵阳地产行业属于中间水平。

早在大学做建材生意时，王明就明显感觉到有同学一起做事比单打独斗好得多。他说：“现在项目从牵线到合作有很大一部分是来自于大学同学，他们会比其他合伙人更加在乎共同从事的项目，而大学时期保留下来的真挚感情使得整个团队凝聚力更强。大学时期关系好的同学有一个不成文的规定，就是每年必须找时间聚一两次。现在大家虽然都有各自的事业，但大学时期纯真的友谊还是让我们走到了一起。只要有同学结婚，无论再忙再远都要去。”说到这里，王明突然一笑，似乎想到了什么，转瞬对我说道：“我们一共有五个关系很好的同学，有四个都已经结婚了，最后一个是阿坝州的，我们也在催他，说等到他结婚时大家就去阿坝州那边碰头。”

把握机会，做足准备

对于鼓励大学生创业这一观点，王明保持很客观的态度。他说：“国家现在尽管有很好的政策，但创业是万分之一的概率，大家只关注那些创业成功的励志故事，却忽略了中途失败的英雄。如果真有创业想法的，那么大学是创业最好的准备阶段，在大学做的这些创业项目即使是失败了，也是一个学习和总结的过程。就承担创业风险而言，大学时期所承担的创业失败的风险要远远小于进入社会后创业失败的风险。”

当我问到有没有比较成功的创业案例分享给学弟学妹们时，王明说：“你如果仔细观察，这个案例就在我们身边。锦城学院的创办是我感觉最成功的一个创业案例。从当时政策来看，国家发展民办教育，允许民间资本流向高等教育；从公司定位角度出发，锦城学院是应用型大学，其培养的学生更加注重实践，与其他综合性大学产生了错位竞争，因而有了自己的一席之地；从公司背景来看，锦城学院依托于四川大学，学校的师资有很大一部分来自于四川大学，而一个公司要想迅速成长必须有一支实力非凡的团队，锦城学院在这点上有很大的优势；从公司资本角度来看，锦城学院是由中外 16 家企业投资创办的，背后有一个庞大的财团支持。综合以上几点，锦城学院在十年间迅速成长，成为了西部排名第一的独立学院也就无可厚非了。”

当听完王明的讲述后，我不禁连声称赞他思维严谨和结论新颖。而他只是谦虚地说自己还在创业阶段，并没有什么很丰富的创业经历分享给学弟学妹们，如果一定要说，那也只能算是个人的一点经验和感悟。他告诉我，创业和考研一样，前期都是一个准备的过程，有创业想法的学弟学妹在大学期间一定要做足准备，厚积薄发。从学习上来讲，学好专业课是最基本的，知识永远是你无形的财富。同时在大学期间多读几本自己喜欢的书，一定要把它读深、读通、读透。在读书的过程中，你会了解到作者写书的思维模式，以及他是怎么把这本书的结构布局通过一章一节建立起来的，知识点之间是怎么推导出来的。这对于技术型文科人才来说，是十分重要的。王明建议大家去看看 2006 年邹广严院长组织工商系编写的一本创业书籍，那本书通俗易懂，不像教材那么生硬，内容涉及企业管理、财务管理、税收规避政策等。因为我们系所学的专业对于这些方面涉及不是很多，所以那本书是很不错的选择。同时，如果在大学期间就有想创业的同学，也可以多与老师沟通，即使项目失败了也是一个很好的学习机会，因为创业本身就是学习和积累的过程。

我在听完王明的讲述后不禁想到了荀子《劝学篇》里的那句“不积跬步，无以至千里；不积小流，无以成江海”。其实任何创业者在前期都有一个准备阶段，这个阶段就是由量变突破为质变的过程。我们大多数人只看得到他们华丽的质变，却忽略了这个过程中量的漫长积累，以至于很多人满怀期待地踏上创业之路，结果却被残酷的现实打击得遍体鳞伤。王明回顾自己的创业生涯时说，当时回绵阳的决定是多么正确，正是回到绵阳后他才经历了第二次成长与蜕变，才有后来自己与大学同学投资成功的事情。他的创业经历就像他自己常说的那样：“做好准备再出发!”

找到自我，顺势生长

——访2007级广告学专业成都贝希安迪文化传媒有限公司创始人陈昱衡

执笔：2014级汉语言文学专业王培丞

指导老师：姚茜

我们的人生不应局限于此，我们的人生应当起伏不断。祝我们都能够经历常人无法经历的磨难与挫折。

——陈昱衡

2007级广告学专业陈昱衡

题　记

曾有几位学生怂恿苏格拉底去热闹的集市逛一逛，他们说：“集市里有数不清的新鲜玩意儿，您去了一定会满载而归。”第二天，学生们请苏格拉底讲一讲集市的收获。苏格拉底说：“此行我最大的收获，就是发现这个世界上还有这么多我并不需要的东西。”知道自己想要什么，不想要什么，或许这就是陈昱衡创业成功的根本。

大学初尝试

很多年轻人或许曾经都有一个导演梦，以梦为马，镜头为笔，通过镜头表达自己对世界的态度，用镜头自由地书写天地。在陈昱衡高中时，中国电影行业正处于稳定上升期，年少的他一直喜爱看各类电影，他东拼西凑筹到了一万多元，买了一台价值不菲的 DV 机，想要用来创作。他说："当时我的想法其实很简单，就是一时心血来潮，想着能用这台 DV 机拍出点东西来，拍一些精彩的东西，表现出我对世界的态度。"于是，他找了自己的同学和好友，来演片子里的男女主角，恨不得立刻拍出一部让所有人都"惊为天人"的片子，让世界为之叹服。可是随着毕业季的到来，主创们纷纷到外地求学，这一计划只能无限期地搁浅。那时的他也并没有想到，十多年后的自己会再次抬起手中的镜头，对焦世界。

年少时的轻狂，却是一个少年对未知的未来所展现出的最大勇气，伴随着这样一份无畏的勇气，陈昱衡来到了四川大学锦城学院，在这里度过了他难以忘怀的大学时光。

心怀导演梦的陈昱衡最终选择了广告学专业，他认为这是在他选择范围内最接近梦想的专业。然而入学不久，陈昱衡却陷入了无限的迷茫中，未来在哪里，大学应该是什么样子，人生又会是什么模样？这一切对于一个十八岁的少年来说，都太迫切地需要答案。正所谓书籍永远是人类进步的阶梯，于个人而言也是一样。在锦城学院，很多人生的答案都藏在图书馆中，陈昱衡开始将大量课余时间投入到图书馆，带着自己的迷茫与问题，在书中不断探索着。"那时候我真的很迷茫，不知道以后的路应该怎么走。为了寻求答案，在大学里，我养成了让我受益一生的习惯——阅读，尤其是读哲学。”当我坐在陈昱衡对面，他就像在说别人的故事，平静地说着过往，不时还半开玩笑半劝诫地跟我说：“如果你以后遇到了问题，不妨尝试一下这个办法，效果还不错哟！”然后接着又说：“当你的内心有大量难以排解的问题，那就去哲学中寻求自己想要的答案。这听起来老套，却是真理。我曾在一本书中读到一个苏格拉底的故事，当时我好似醍醐灌顶般突然清醒过来，我想要什么，我不想要什么。我开始逐渐地认清自己脚下的道路，拨开遮掩人生的面纱，不断地学习和成长。”陈昱衡从书中逐渐摆脱了入学时的迷茫，开始积极地参加学校的各项活动，来不断充实自己的大学生活。天生具有领导能力的陈昱衡在班上拥有极好的人缘，同时又有不错的摄影、摄像技术，因此拍摄了很多的校园短片，被同学们称为“陈导”。

四川大学锦城学院拥有独特的创业教育体系，分为创业学课程和创业大赛两大板块。《创业学》是每个学生的必修课，课堂上老师主要向学生讲授创业知识、创业流程、创业法律法规和政策对大学生创业的扶持等内容，让学生对创业有系统性的认识和了解。创业大赛是锦城学院除了农场劳动外的又一大特色，创业大赛需要学生将课堂上所学到的知识运用于实践，每一个学生都必须参加，答辩通过才能获得相应的创业学分。根据陈昱衡的回忆，他第一次了解到创业的过程远没有说“创业”两个字时这样简单轻松，也第一次接触到财务报表、人事管理、风险评估等与创业密切相关的专业术语。通过创业课的学习，陈昱衡对于创业开始有一个比较完整的认识，这也为他参加后面的创业大赛打下了基础。在创业大赛中，他和伙伴们积极投身创业策划书的撰写中，并且在创业大赛中取得了一定的成绩，这对他的创业信心有着极大的鼓舞，对他最后选择创业也有着重要影响。

2008 年，大二的陈昱衡因机缘巧合，得到了一个和朋友一起去扬州考察项目的机会，也正是这次考察项目的机会，让他正式走上了人生的创业之路。那是一个位于江苏省扬州市的生产型企业，主要经营项目是生产酒店用品。当时扬州的酒店用品生产项目已经非常成熟，而在成都却仍旧处于起步阶段。陈昱衡和朋友们灵光一闪，想到既然我们系统地学习过创业知识，也有尝试过创业策划书的撰写，那为什么不能把这个成熟的项目搬套到成都进行运作呢？本着尝试一下的想法，这群年轻人开始四处奔波，开启了他们的首次创业之旅。事实证明，他们的眼光是敏锐而准确的。如今，他们在成都开办的这家酒店用品生产企业经过了多年发展，已成为西南地区该类型企业之中的龙头老大，并且仍在稳步发展中。

走进社会，摸索前行

大学四年忙忙碌碌，时光如白驹过隙，转眼间，就进入了毕业季。经历了第一次自主创业历程的陈昱衡，对自己的未来充满了信心。毕业后，陈昱衡去了一家处于发展初期的投资公司，从事行政工作。工作伊始，对一切都充满了信心和热情，野心勃勃的他觉得自己很快就能够在公司中站稳脚跟，一步一个脚印地稳步前行，事实也证明，他做到了。凭借着出众的工作能力和勤勤恳恳的工作态度，他用了一年的时间，获得了同事和上司的一致好评。当一切都步入正轨后，陈昱衡的工作信念却开始有些动摇了。他发现，在公司内部或多或少都存在着一些斗争和大家心照不宣的规则。遇到这种情况，有些人选择了屈服，有些人选择愤然离席。这时的陈昱衡也在思考，思考是否还要继续为这家公司供职。经过一番思想斗争和自我剖析后，他认为在这家公司已难以实现自身价值，也和自己的人生理念不相符合，所以他最终选择正视自己的内心，毅然辞职。

没有了工作，接下来的人生路又该怎样前行？此时，陈昱衡想起了自己在大学没有完成的规划——环游全国，同时他也需要时间想清楚自己以后的人生方向，于是他出发了。环游全国的第一站，他选择了新疆。有人问陈昱衡为什么会选择这么远的一个地方，他说："当时并没有一个特别具体的旅行计划，只是想着既然走了，不如把第一站设立在一个很远的地方"。就这样，23 岁的陈昱衡到了新疆。"那时刚工作也没多久，没有多少积蓄，所以我选择了徒步的方式，下车后一路走到喀纳斯，在那里度过了一周，然后一路搭乘顺风车去了南疆。不得不说，只有当你真正走出你所在的小天地，才能看到外面的大天地，才能真正见识到祖国壮丽的山川河流。我选择的旅行方式在当下来说就是穷游，原因其实很简单，就是没钱。途中真的看到了山河的绮丽多姿，真的可以说是不虚此行。"在路上，陈昱衡遇到了很多很多的人，这些人有着多元的生存状态。从这些人身上能看到，有人是因害怕走出来，回去依然会将自己困在那片小天地里；有人是为了躲避现实，漫无目的地穷游，像是一种为了躲避现实生活压力的无意义游荡。看到这些人的生活态度，陈昱衡开始自我反思和思考。这时，陈昱衡碰到了一位朋友，这位朋友改变了他整个旅途计划和人生走向。这位朋友是杭州某珠宝公司的财务总监，两人在旅途之中多次相遇，甚感有缘，逐渐了解后，成为了很好的朋友。从与这位朋友的交谈中，陈昱衡开始对珠宝销售产生了兴趣，他最终决定提前结束这次说走就走的旅行，只身前往深圳闯荡珠宝行业。

在和陈昱衡交谈中，我发现他是一个敢想敢做的人，这一点在他的人生中起了很大的作用。正是由于这种敢想敢做的性格，使得陈昱衡在收拾完行李后，就立刻赶赴深圳。在朋友的帮助下，陈昱衡很快就找到了工作，在一家珠宝公司从基层开始做起珠宝销售工作。是金子在哪里都会发光，有能力又有态度的人才在哪里都会得到重用。经过一番努力，陈昱衡终于在这家珠宝公司站稳了脚跟，对于珠宝行业也有了一定的了解。可是好景不长，因为家中出了一些变故，所以陈昱衡不得不辞掉工作，再次启程回川。在回川之后，陈昱衡做了一些市场调研和行业调查，结果发现，成都并不适合这种珠宝的营销。于是，在成都自己创业做珠宝销售的计划只得无奈落空。

舍弃与坚持

在电影《阿甘正传》中有这样一段经典台词："人生就像一盒巧克力，没有人知道下一颗会是什么味道。"这句话用在陈昱衡的身上恰如其分。回首27年的人生历程，他笑了笑，一切都已释怀。"智商与情商不高其实问题不大，但如遇一点挫折就让你爬不起来，一句坏话就让你不能释怀，那才是问题。人可以不聪明，也可以不懂交际，但一定要大气。我过往的这些尝试，无论成功与否，最重要的是尝试的那个过程，我尝试了，便有了这一份独特的经历，这正是我与其他人不一样的地方。"

经历这么多尝试，在别人看来，陈昱衡的生活仿佛又回到了一个原点，依旧是待业青年，所有曾经的凌云壮志不过一句空谈，所有的雄心壮志不过一场泡影，所有的思考与选择不过都是笑话。然而在陈昱衡自身看来却绝非如此。"人生本就充满了迷茫，环境在改变，我们也在改变，人生的目标也应该不断改变。重要的是，在多次迷茫之后，你还会一如既往地思考吗？"仿佛已经成了一种规律，在每一次的人生转折点，陈昱衡都会停下来，缓一缓，做足深刻的思考之后，再选择前行，因此，这次也不例外。在回川做珠宝销售的创业计划落空后，陈昱衡再次选择停下来，听一听自己内心的声音。于是，他停了下来，在家中自读了一年的书，涉及营销管理、企业经营以及哲学等方面。在这时，陈昱衡的内心再次浮现一个拿起摄影机的念头，这一次，他要把它做大，做强，以自主创业的方式来实现少年时的那个梦想。

“有很多人说我这个人其实挺疯的，想什么是什么，与其冒着会失败的风险，倒不如在一家企业安安稳稳地做下去，说不定很快就能得到晋升的机会。这种想法我不是没有过，但那是在我极度沮丧的时候。当我清醒过来时，我还是会坚持我自己的毕生挚爱，我不要那些浮于表面的名利，也不追寻和我人生价值以及个人追求无关的东西。学会舍弃和坚持，这是我在大学时便想通了的事情。”就像《清醒记》中所写的那样，为了自己想过的生活，勇敢地放弃一些东西。这个世界没有公正之处，你永远也得不到两全之计。若要自由，就得牺牲安全；若要闲散，就不能获得别人评价中的成就；若要愉悦，就无须计较身边人的态度；若要前行，就得离开你现在停留的地方。在采访过程中，陈昱衡说了这样一段话，他说：“人生不应该被工作奴役，我们应该坚持自己喜爱的，不要用数据来衡量和总结自己的人生。”

想做就竭力而为，这是陈昱衡的一种人生态度，这一次，他要做的是创立一家文化传媒公司。为了创建这家公司，他几乎投入了自己全部的积蓄，加上从银行贷款，经过一番艰难，公司创立资金终于凑齐了。他开始在各大网站发招聘启事。其实在这时，他的心中是忐忑不安的，因为公司还处于襁褓状态，需要大量资金和人才，而这时的他并没有足够的资金去招揽大批人才。然而，任何一件事情，只要你心甘情愿，竭力而为，总会变得简单。招聘启事发出去没多久，有一天陈昱衡接到了一个电话。对方声称是在某招聘网站看到公司的招聘启事，想要来应聘。在看完对方的简历之后，陈昱衡着实吃了一惊。这位应聘者来头可不小，北京电影学院毕业，后在中央戏剧学院再行进修，家中是演艺世家，父亲从演多年，自小受父亲熏陶，并且对文化虚拟网络有着很深的造诣。看到这里，陈昱衡那颗求贤若渴的心早已按捺不住，可冷静下来一想，对方这么高的学历与专业素养，自己的公司目前大概是支付不起这位贤才的工资了。于是，陈昱衡拿起了电话，本着一颗坦诚的心，将公司现状一一告知，表示自己难以支付高额的聘请费用。在多次电话沟通之后，双方又进行了多次见面交流，大概是被这样的坦诚和直率打动，又或许是年轻人的热血与冲劲，二人在很多方面都一拍即合。知音难求，最终这位求职者留了下来，成为了公司元老级骨干之一，被陈昱衡称为“李导”。

“这大概也是我的运气和个人性格决定的吧！如果没有像李导这样的这一群“家人”，我们的公司不可能走到现在。大家互相扶持，一起努力，共同成长，一起竭尽全力去做一件事的感觉简直太棒了。”陈昱衡将他的创业伙伴们称为家人，对于他来说，这群同龄人就像自己家人一般。“从公司起步到现在，公司成员共有十人，一直不离不弃。最艰难的时候，有三个多月我都发不出工资，大家一句怨言都没有，对于焦躁不安的我全是鼓励和无声的支持。我们这群人有着同一个目标，同一种信念，从来没有放弃过，最终一起度过了所有的难关。”

认准方向，不断突破

在成都贝希安迪文化传媒有限公司成立之初，陈昱衡发现目前国内市场上，传媒行业大多遵循传统发展模式，即以口口相传的口碑营销模式进行运营，这为传媒类的公司运行增加了一定的难度。因此，在与公司其他伙伴商量之后，他们经过大半年的摸索，创建了专业的销售团队，但最后发现结果不尽如人意，因而及时调整公司运营方式，再次转型为传统口碑营销模式。“凡事不可能万事俱备，有想法就去做，发现问题就去解决问题。”对于这一次公司的营销模式的尝试，陈昱衡这样说道。

目前，由陈昱衡带领的公司团队正在尝试再次转型，将传统文化传媒公司业务项目与新型科技相结合，将公司业务拓展至 AR（Augmented

Reality，简称 AR，即增强现实，是一种实时地计算摄影机影像的位置及角度并加上相应图像的技术）和 VR（Virtual Reality，简称 VR，即虚拟现实，是一种可以创建和体验虚拟世界的计算机仿真系统）方面。AR 和 VR 主要通过移动设备以及佩戴式设备（例如，谷歌眼镜），进行虚拟与现实的真假交融，而他们的团队则负责为这些硬件公司提供软件素材。“目前来说，这项技术在国内并不是很普遍，也不是很先进，现在市场也并不是很大，但是我们就是想要做一些别人不敢尝试的东西。”这家公司的一大特点就是敢想敢做，这群八零后、九零后的思想理念和陈昱衡的人生理念不尽相同，这也是很多年轻一代的人生理念，或许正是这样一种敢闯敢做的冲劲，使得他们能够走得更远，飞得更高。

在尝试新型业务之后，陈昱衡的公司目前正处于稳步上升的发展阶段。目前，成都贝希安迪公司占地面积达到了两百多平方米，拥有员工十余人，年销售额达到了两百万元，对于这样一家年轻的公司来说，成绩可谓非同凡响。并且这群优秀的年轻人和成都市政府、成都高新西区市政府等职能部门及各大公司都有着紧密的合作关系，曾承接过高新西区政府宣传片的制作、品牌开幕式宣传的全程制作、产品发布会的设计等项目，广受客户好评。这些合作伙伴对于这群有想法有能力的年轻人十分满意，赞不绝口。

假如与设想

在本次采访将近尾声之时，我曾问过陈昱衡这样几个问题：

“假如你能够回到大学时代，你会选择怎么度过？”

“哲学、恋爱、旅行。”陈昱衡不假思索地给出了这样的三个关键词。“假如可以重来，我还是会选择这么度过。”

“如果十八岁时的你看到现在的你，会满意么？你又会对他说些什么呢？”

“老实讲，我也不知道他会不会满意，那时的我很年少轻狂，说不定还有可能瞧不起现在的我呢，哈哈。”陈昱衡这样打趣道，“不过我希望我能够不让那个年少的自己失望。我一直希望能够做一个真实而又有营养的人，真实指不装、能够做最本真的自己，有营养指能够在人生不同的年龄阶段去经历那些应当经历的事情”。

“那你觉得你现在算是一个有营养的人吗?”

“应该可以算是吧。”

“现在你二十七岁，古人讲三十而立，你希望你能够在三十岁时确立什么样的志向呢?”

“这样听起来突然感觉好可怕，我都要三十了啊！哈哈!”他做出一副夸张的表情道，“我希望在我三十岁的时候能够还清所有的贷款。我之前有讲过，我认为人生不应该被工作奴役，所以我希望我能够在对自己，对周围人有一个交代的前提下，去进修游学，去支教，做一些能够帮助别人的事情，这也是我人生最大的心愿之一。”

结　语

在与陈昱衡短暂的交流中，我看到最多的是他对自身清醒的认识和对未来的规划。可以说，他活得十分精彩，从他身上，我可以看到无限的可能与澎湃的激情。我们都渴望成为他这种人，可是我们忘了，没有人是天生就散发着耀眼的光芒的。做自己这件事没有时间的限制，只要你愿意，什么时候都可以开始。去活出最精彩的自己，去见识到令你惊奇的事，去体会未曾体验的情，去遇见更多不同的人，去找到自我，然后让生命顺势而长，这是一种运气，更是一种智慧。

与众不同的“文科男”

——访 2007 级汉语言文学专业成都木木夕文化传播有限公司总经理梁奥林

执笔：2014 级汉语言文学专业王培丞

指导老师：姚茜

2007 级汉语言文学专业梁奥林

有幸采访梁奥林，是因为偶然，也是因为缘分。

跟采访其他校友不同，我跟梁奥林的第一接触是录音采访，因为对梁奥林的第一次采访是由另一位同学完成的。在此之前我对他的了解仅限于年级、专业和性别。在近一小时的采访录音整理中，梁奥林给我留下了深刻的印象，我发现他既具有文科生典型的细腻情感，又有理科生严谨的逻辑，是一位不一样的“文科男”。已有心理准备的我在跟他本人接触之后依然有着不小的震撼。与录音相比，和他本人直接对话完全是另一番感受。梁奥林在整个交谈中表现得成熟而不失风趣幽默，循循善诱，让我从一个个例子中明白他的观念，偶尔的思考也丝毫不会影响他的表达速度。采访梁奥林之后，我重新认识了我所学的汉语言文学专业，原来学文学的人也可以如此不同凡响。

沉下去，再游上来

梁奥林是四川大学锦城学院第三届的毕业生，进校之时，学校才办了三年，这意味着一切都是新的，同时也意味着学校的设施是极不完善的，就连门口的公交车都只有96路和703路。在谈及对当时的学校的感受时，梁奥林和很多学长一样，对不完善的设施并没有太多的抱怨，反而觉得正是因为当时的不完善，才减少了玩耍的时间，把空出来的大把时间用来读书。梁奥林坦言，当时进入锦城学院感觉唯一的落差就是建筑，因为他在招生宣传手册上面看见的是效果图，2007年的时候很多建筑都处于修建中，并没有效果图上那么大，聊到这里他还不忘调侃一句，说："你们现在好福气，学校基本上赶上宣传效果图了，呵呵！"

当时的四川大学锦城学院，老师是新的，学生是新的，校职工是新的，无论是学习、工作，还是生活，学校中的每一个人都在摸索中前行。随着学校的快速发展，各方面都在不断完善。梁奥林说："一所学校的优劣固然有硬件设施的因素，但更多的因素还是学校的老师和学术氛围。"说到这里，他感慨了一下，继续说："现在锦城学院的环境比起往年来真的好太多太多，真希望你们能够好好利用这么好的学习环境，多读书、读好书。至今我还记得毛建华教授经常说的一句话：'你们这些娃娃啊，在大学里要多读书，沉下去，沉在图书馆里，再浮上来看世界。'"梁奥林清楚地记得毛建华教授所说的很多话，就像现场转述一样，他还说："事实确实如此，尤其是我们汉语言文学专业，涉猎面必须要广，阅读量必须要够，而且还要不停地写，不然你这大学四年算是荒废了。”

谈及阅读时，梁奥林首先向我发问，询问我的学习状况和阅读量，这令我既意外又感动。梁奥林说，他在大学期间最大的收获，便是养成了良好的阅读习惯，并且利用空闲时间阅读了大量书籍。那时，他为自己定下了大数量的阅读目标，例如半学期读八十本书，要写阅读感受等，并一一付诸了实践。在跟梁奥林谈到对汉语言文学专业的认知时，他说：“他们总说汉语言文学专业没什么用，什么都学，什么都不精，什么都能做，什么都做不好。实际上并不是这样，我们拥有其他专业同学并不具有的专业优势。”大学四年的专业学习和大量的阅读使得梁奥林具备了深厚的人文素养，内心思想无比丰富。谈及大学四年的专业学习，梁奥林进行了三个方面的分析：首先，汉语言文学专业所要求的阅读量会让人的思想变得沉稳，三观会随着阅读量和阅读面的增长而变化；其次，学汉语言文学专业的人能够拥具有更发散性的思维，这让我们在进行文案工作时比其他专业的同学更有利；最后，汉语言文学专业是一个万金油专业，别人能做的工作我们都能做，但是因为我们有深厚的知识底蕴和文学修养，所以可以让我们能够比别人做得更优秀。很多人认为学汉语言文学专业的人都是书呆子，只会死读书，可事实上这是对汉语言文学专业学生的一种偏见和误解，对锦城学院文传系的汉语言更是如此。

“我真的是爱极了读书。虽然读书的影响不会立刻体现出来，但是却会潜移默化地影响你的一生。通过大量的阅读，一个人的视野将变得开阔，一个人的思维将会改变，这是一件非常不可思议的事情。”能够感觉得到，梁奥林在说这一段话时，眼睛里面是闪亮的。他说：“虽然我现在是自己在创业，平时工作非常忙，但是我还是会不时抽出时间来读一些书，看一些电影，这已经成为了我人生的一种习惯。”

我心定我眼

当谈及为什么会选择创业，而不是选择汉语言文学专业其他主流就业渠道时，梁奥林反问道："那什么又是汉语言文学专业的主流就业路线呢？当老师？考公司文员？做秘书？其实这些都不是我们的主流就业路线，只是别人强行赋予我们的定式思维罢了。"相比很多其他同学来说，梁奥林更喜欢把事情都落在实处。汉语言文学专业在很多人看来，比较稳定的出路就是做老师、秘书、文员，不稳定的就是各行各业的文职工作者。但是在他看来，汉语言文学带给他的远远不止这些。

梁奥林把人分为三类：第一类人，是老师教会一道题，便只会这道题的人，他称之为只看到事物外表的人；第二类人，是老师教会了一道题目，他便能够做出同类型题目的人，这类人被他称之为能够看到事物规律的人；第三类人，则是在老师教会题目之后，能够自己给自己出题目的人，这类人被他称之为看透了事物本质的人。

在毕业之后，梁奥林凭借扎实的文字功底，顺利地考入了成都市青白江区国土资源局，担任办事员一职。一年之后，他选择离开单位，来到成都三和汽车服务有限公司担任市场部媒介专员。这份工作让他找到了更大提升自我的空间，在这里，他如鱼得水。2013 年，凭借优异的业绩，他被提升为三和奥迪市场部市场主管。谈到工作，梁奥林突然问了一个问题："你认为什么时刻跳槽才是最合适的呢？"还未工作的我对于这个问题不知如何作答。他说，在他看来，并不是公司最需要自己的时候，或者是在感到自己升职无望的时候，甚至可以说，并不存在跳槽这样一个说法，只是沟通的问题而已。不管是创业还是就业，最重要的是对自身价值要有一个准确的定位，只有对自身价值有了准确衡量，才知道自己能做什么。在一个创业方案中，最重要的有三点：创业团队、执行力和资源。而这三点背后最重要的是对于自身价值的衡量和自我定位。找到自己在团队中最合适的位置，思考自己能够为团队带来什么，这是创业成功的前提。就业方面也是如此，本不存在跳槽的本质问题，找准自我定位，准确衡量自身价值，认清自己，这样自然而然地就会通过自身价值的实现来得到自己所追求的职位。这是梁奥林个人的创业和就业感悟，也算是送给学弟学妹们的职场建议。

正是由于这份心气和眼界，梁奥林发现自己在主管的位置上难以完成人生的梦想。经过再三的考虑和衡量，最终他选择了辞职，走上了自主创业的道路。

在交谈中不难发现，关于创业，梁奥林曾经是有过自己的理解和想法的。“最开始的时候，我想的只是能够在丽江和朋友一起开一间小小的工作室，写一些自己想写的东西，再写点像《琅玡榜》那样的小说，每个月只要交点房费电费就够了。”这是梁奥林最初的创业构想，但是随着视野的变化，他更想去做一些更大的事情，去发挥自己的才能。慢慢地，他发现自己对创业有热情，这是最终促使着他去创业的最大动力，他心里也清楚，创业相对于稳定的工作来说充满了各种未知的风险，但是，于他而言，这又何尝不是机遇呢？

严格要求 成就自我

创业，对很多创业者而言是一个需要去实现的梦想。无数人为了这个梦想在创业路上不停地奋斗拼搏，最后有人失败了，有人成功了。而梁奥林，便是这群创业者中的一员。经过不懈奋斗，现在的梁奥林是成都木木夕文化传播有限公司的总经理兼运营总监，手下有 8 名员工，公司整体运营情况良好，2015 年盈利（毛利润）70 余万元。公司曾负责春熙路路段的市政广告和多家四川品牌公司的广告宣传等项目。

没有谁的创业之路是一帆风顺的，梁奥林也不例外。在创业过程中，他遇到过各式各样的困难，但是，现在看来，一切不过如此，没有跨不过的坎。他说在创业大军里面流传着这样一段话："所有以赚钱为目的的公司，都是最先垮掉的；所有以在将来赚钱为目的的公司，在将来是一定会垮掉的；而所有不以赚钱为目的的公司，才是能够存活下来的。"他说在创业的时候，并不需要去过多地考虑将来的盈利，只需要脚踏实地地做好当下的工作，将手里所拥有的一切资源和成本都充分利用，一步一个脚印地往前走，其他的以后都会随之而来。因此，梁奥林无论是在创业还是在做人方面，都为自己设立了一个极其严格的标准，那就是"思考别人的诉求"。这句话听起来貌似简单，实际做起来却十分困难。"思考别人的诉求"，意味着你要真正懂得站在他人的角度进行思考和做事，时刻考虑对方的需求，哪怕在此过程中会损失自己的利益。他一直提到的四个字——"吃亏是福"。不管是对同事、朋友还是生意伙伴，他都愿意去倾听，去理解他人的真正诉求，然后尽自己的所能去帮助对方，哪怕在此过程中自己损失了点什么，也无关紧要，反而会因此增添不少人气。不少公司负责人选择与梁奥林合作，不仅仅是看中他们公司的专业素质，更是看重梁奥林的人品和处事态度。

正所谓一个人的眼界，决定一个人所能达到的高度。梁奥林对自己的人生有着严格的要求和明确的规划，或许正是这样，他才能够越走越远，越走越顺。

梁奥林没有松懈过，对自己的日常作息仍然严格要求。每天早上五点五十准时起床，洗漱完会看一部电影，并提前半小时进入工作状态。八点钟准时到达公司门口进行考核，每天为自己的八小时工作时间制订准确而又精密的工作计划，甚至会精确到每一分钟。在晚上回到家之后，还会针对当天的工作进行总结，晚上十二点或者十二点二十分进入睡眠状态，周而复始。

我对于梁奥林这样的生活状态感到惊讶，然而在他看来，睡懒觉才是一种浪费生命的行为。睡眠的意义在于保持人的精神状态的清醒，他更乐意在有限的生命里，将更多的精力投入到工作学习中去。

“我对自己要求严格，对我公司的员工也是如此。我更希望能够利用自己的一生去学做更多的事情。我为自己定下了一个任务，就是我每天必须和两个陌生人进行交谈，交谈时间总计要达到一小时以上。当然，周末除外，我还是要好好享受人生的嘛!”在公司管理方面，梁奥林曾经采取过一套极其严格的管理制度，这套制度在公司同事看来甚至有点冷酷无情：绝对不许迟到，迟到了按分钟扣工资；当日事一定要当日毕，我可以陪着你加班，保证在你做完事情之前，我绝对不会进入休息状态……然而正是这样的管理制度，使得当年梁奥林公司的绩效提升了百分之三百。

“其实我还是挺佩服他的。”坐在梁奥林身边的创业伙伴这样说道，“不过有时候也挺怕他的。他对自己的要求绝对可以称得上是严苛，认真起来像头牛一样。我们的同事虽然平时对他的这套制度总是在抱怨叫苦，但是看到他的工作状态，也会被他感动，被他鼓励。正是因为这样，所以我们公司的工作效率才特别的高，绩效自然也就上来了。不过我们在私底下都是很好的朋友，你可别被他这个样子给骗了，他只有在工作时才比较可怕，哈哈。”

梦想照进现实

“你有梦想吗?”这是曾经很热的一句话，在当下看来却带有现实的无奈，多少人由于现实的原因让自己不得不放弃梦想，从事一份自己不喜欢的工作。梁奥林说，在他的创业过程中，他从来不曾放弃过最初的梦想——建立一个工作室。如今公司的众多业务中，仍然保留着这样一个部分，由他亲自操刀完成。

“如果可以，我想成立一家小的工作室，写写小说就好。但是我现在是有家室的人，我有一份责任需要承担。假设，我现在全职写小说，会面临很多现实的问题。首先，小说在网上发表出来，很有可能一两年都无人问津，没有人愿意和我签约，那我就没有生活来源。其次，我每天都需要花费大量时间来进行构思和创作，那么家里就完全没有人照顾了，会乱成一锅粥，而我又需要大量的知识储备和积累，二者显然是无法兼顾的。因此我给自己人生的规划是在三十五岁退休，然后专职去写一些商业小说，我现在所有的努力都是为了实现我的这一梦想。但是我自己计算过，如果我选择在三十五岁去写小说，那么起码我要为自己积攒下十年的积蓄，去支撑我的梦想，按照我现在的收入计算，我需要为自己积攒150余万元，这是我的梦想基金。”不难看出，梁奥林的人生规划是落地的，这对于大学生而言是宝贵的经验和财富。

梁奥林在被采访中一直给我传递这样的讯息：如果我们没有仔细的考虑和实际行动，那么梦想将永远只是空想。梦想一定是在自我认知的基础上去实现的。首先，我们需要将自身所学和实践相结合，不断进行尝试。其次，需要有一份关于梦想、关于现实的计划书，在计划书中需要我们将所有的必需品进行详细地罗列，并逐个学习或准备。再次，我们需要考虑梦想照进现实的成本，然后判断这样的成本和收益是否会平衡。最后，大胆去做，大胆去尝试，不要因为害怕失败而不敢尝试，不要一生都困在一片小阴影里。

结 语

“学长，假如时光倒流，你大学四年、甚至这十年时光会如何度过呢？会跟现在一样吗？”我问道。

梁奥林是这样回答我的。他说：“如果时光倒流，我想我还是会选择这样过。当然如果能够带着记忆回去那就更好啦，那样就能弥补一些大学时光的遗憾。人都想追求完美，然而这世上并没有后悔药。所以我们要学会放眼当下。尤其是我们锦城学院的学弟学妹，学校真的是为大家创造了一个难能可贵的环境，希望各位能够学会珍惜，学会抓住机会，冷静行事。当然要有超前意识，不要总把自己看作仍被保护着的幼雏，要认识到自己已经半只脚踏进了社会，要学会利用学校的宝贵资源提升自己。”

和梁奥林的访谈时间很短暂，因为他十分忙碌。而在这短短的两小时中，我意识到，他与我们，与很多人都是不同的，他是一个真正意义上的成熟男人。很多人所谓的成熟，不过是被世俗磨去了棱角，变得世故而实际了。但那不是成熟，而是精神的早衰和个性的夭亡。真正的成熟，应当是独特个性的形成，真实自我的发现，精神上的结果和丰收，内在的清明温厚和一颗十年饮水难凉热血的心。

一颗炽热的心和一双鹰的眼睛

——访 2007 级新闻学专业成都小时代教育咨询公司法人代表彭传捷

执笔：2014 级汉语言文学专业李柯薪

指导老师：肖捷飞

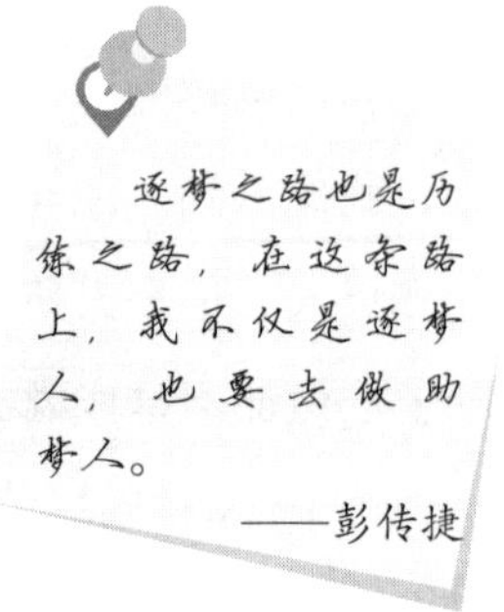

2007 级新闻学专业彭传捷

能采访到2007 级新闻学专业的成都小时代教育咨询公司（以下简称“小时代”）法人代表彭传捷是一件很荣幸的事情。他是位颇具正能量的人，在和他聊天的过程中我获得了很多的激励。当我问他为什么会选择这样的创业道路时，彭传捷很风趣地归结了两个原因，一是有一颗对梦想炙热的心，二是有一双敏锐如鹰的眼睛。彭传捷说，大学四年的学习拓宽了他的视野，大学校园中的各种实践活动不断地促使他思考“语言应该是什么”这一问题，并逐渐形成了对语言学的系统认知；创业教育的指导和鼓励也使他自己走上创业之路。彭传捷介绍，“小时代”是一种体验式的模拟教学模式。

“在毕业之后，我并没有选择和专业对口的工作，而是进入美联英语做了一名 SA（Study Advisor 助教）。”彭传捷如是说。之后，他又在深圳 EA 教育集团做了教育总监。在对教育培训行业有了一定了解之后，他决定回成都自主创业，建立小时代教育咨询有限公司。该公司的培训理念是将英语学习融入生活。彭传捷说：“尽管创业和我们新闻学专业看起来没有什么联系，但专业知识所带来的思维和理念都无时无刻不在影响着我。”在大学学习生活中，彭传捷便发现了自己对语言的兴趣，还参加了文传系、外语系的许多英语竞赛。而四年新闻学专业的学习，使彭传捷逐渐形成了对关键问题的敏锐洞察力。

“创业成功有哪些因素？”我问。

“其实有些时候你需要一点执着和魄力，需要一点特立独行，当然你还需要眼界和阅历来支撑你的 New Idea。”彭传捷答。正是这些个人的魅力让彭传捷在之后的创业之路上敢于创新，敢于探索，永远充满斗志。

大学是一首“奇妙能力歌”

大学就像一首“奇妙能力歌”，它能给你未知的能量，它会给努力的你奉上应有的回报，也会给你意想不到的收获。

我问彭传捷：“新闻学专业和创业并不对口，有的时候会不会感到力不从心？”彭传捷认为不然，他告诉我，虽然选择这一专业并不是非常愿意，但是能进入 2007 级新闻学专业学习确是非常幸运的。新闻学专业的学习氛围对彭传捷的思维能力和政治敏锐力都有很大的提升。彭传捷表示正是这些专业知识，让他在创业之初看到了该行业的新颖之处，做到了优于他人、精于他人。

彭传捷优秀的英语成绩一直是他很大的一个优势。他在大学期间没有挥霍时光，而是利用各种实践活动提高英语水平，他曾获得过“锦城之春文化艺术节英语风采大赛”一等奖。他坚信自己会在英语这条路上越走越远。

眼界很重要

彭传捷从小就对英语很感兴趣，认为英语学习应该是他生活的一部分。因此，在毕业之后他选择了在美联英语做助教。工作期间，彭传捷认为美联英语的教育方式仍没有将英语的魅力展现出来。所谓的拓展课程仅仅是停留在外教的加入而已。

在职期间，彭传捷喜欢在工作之余和同事探讨一些新的教育方式，同时也做了一些教材的研发以探索自己的英语教学之路。

2012 年 9 月，彭传捷从美联英语辞职，担任深圳 EA 教育集团教育总监。他回忆，在那段时间里，他不仅在寻找一种教育方式，更是在探索一种学习方法。“在职期间，我进一步接受了加拿大的教育和文化熏陶，也慢慢将其和自己的英语学习经验相结合。”他这样介绍着。

彭传捷意识到，英语教育不应拘泥于书本上的知识点，或依赖外教的加入，因为那是杯水车薪的。英语不应该仅仅是一种生活工具，其所代表的更是一种文化。英语教育所需要的正是还原真实的文化氛围。对于英语教育的探寻是彭传捷自大学起就有的执念，正是这种执念，才让他能够大胆地否定传统的英语教学方式，重新找到一种适合英语文化氛围的教学模式。

机缘巧合下，彭传捷结识了一位对他影响极大的人物——香港 WPP 集团的 PR 总监——牛文中先生（WPP 集团是世界最大的传播集团，总部位于英国伦敦）。彭传捷回忆道："牛文中先生是一名台湾人，在他身上，我感受到了很多在内地绝对无法体验到的东西，比如创新思维和营销方法等。"在牛先生的指导下，彭传捷和他的团队经过反复思考、讨论，终于在 EA 发布了第一套自主研发的教学"主题课程"：L-TIP 课程。这套课程以达到英语能力的获得和提升、素质培养、能力训练三位一体为目的，通过模拟生活情景的方式，让语言学习者自然而然地提升语言能力。

在当时，全国的大部分英语培训机构还在使用"书本—外教"教学模式时，彭传捷和他的团队已经开始了全新的教学模式，这在当时可以说是"特立独行"的。

不忘初心，洞悉变迁

EA 集团的第一套 L – TIP 课程上市之后，在市场上得到了很好的反响。彭传捷便开始整合各种优势资源，逐渐转战我国的西南片区。另一站，彭传捷首选西南片区的中心——成都。

2013 年，彭传捷一回成都，便开始将第一批次的课程草案投入试讲。最初，新课程没有招收太多的新学员，大部分是来自当年美联的老学员。但这种新的教学模式最终还是吸引了相当多学员的眼球。第一批次的试讲效果可圈可点。

成都市场的初试牛刀，无疑给彭传捷注入了一针强心剂——成都市场是可以接受这种教学模式的。就这样，彭传捷逐渐在课程中加入了更多文化课程，如西餐、演讲与口才、音乐艺术、“邪恶力量”等主题课程。彭传捷认为，通过这样的课程设置，还原文化会将更多的趣味融入到枯燥乏味的知识点学习中。果不其然，课程受到学员的不断好评，教学效果显著。

就这样，经过一段时间的谨慎分析、考察和试运行，彭传捷决定在成都办一家属于自己的教育机构来推行这种教学模式改革。在团队不断地修订课程设计后，彭传捷的小时代教育咨询公司将 OMEGA 课程体系定为最终课程，并在成都正式地安家落户。

彭传捷回忆当年创业时颇为感慨，其实这条路并不是一帆风顺。“创业是一条充满挑战同时也布满荆棘的路”他说。在进入成都市场前，彭传捷也担心过这种教育模式是否能被广泛接受，公司能否在竞争激烈的成都市场中生存，高成本的教育方式，能否保证资金链顺畅，如何吸引学员眼球留住生源，各种细枝末节的问题都在彭传捷心中盘算着。

困难还远远不止这些。由于这个项目是彭传捷在深圳做翻译和教育总监时开始策划的，所以当时的条件还是比较艰苦。当时的启动资金只有 30 万元，且在成都市场的文化教育方面的资源完全是从零起步。但是在彭传捷的身后有优秀的团队以及家人的支持，这一点对于每一个创业者来说非常重要。“我的家人都非常支持我，告诉我无论成功还是失败都不应该放弃”。彭传捷是一个很有魄力的人，他的经历让他相信，自己执着了这么久的信念以及自己的能力都告诉他——应该试一试。

在考虑课程安排以及新课程设计等方面问题时，彭传捷更是绞尽脑汁。彭传捷不愿意违背自己对英语教育的认知，觉得要做一些特别的东西出来，这些东西需要绞尽脑汁地想。有的时候，或许某一时刻闪现的 Idea，正是自己苦苦寻找的。彭传捷说，这样的情况往往能让他热血沸腾。

这场教育改革，要持续下去

现在的“小时代”教育机构正蒸蒸日上，公司已经有三大主营业务。彭传捷表示，公司将继续推进教育研发工作，继续和西南片区的优秀民办教育机构合作，推出更富有生命力和创新性的课程体系以及实践活动。同时，为报答母校，彭传捷决定建立专项投资基金，包括支持母校在内的大学生创业项目，为更多有理想的年轻人创业保驾护航。

同样的，公司课程体系的设计方向不变，“小时代”依旧会与时俱进地抓住泛媒体时代的大好机会，利用好“慕课”、微课堂等新型教学模式，并于2016年起携手“爱奇艺”“腾讯”等诸多网络媒体机构，全面启动新媒体教育计划，还将利用电视综艺节目的方式推进教育改革和革新中西教育交流与沟通方式。

彭传捷表示，这将是一场持久的英语教育改革，希望“给每一位学员最好的语言环境，让他们通过揣摩语言世界背后的文化，通过文化的第一视角来领略语言的魅力”。这才能体现出语言学习的本真意义。彭传捷希望能够通过自己微薄的努力，给中国的英语教育增添一抹亮色。

作为一名成功的创业者，彭传捷并不满足于现状。现阶段，公司决定成立一个独立的拥有1个亿资金的投资基金，对具有商业投资价值和商业前景的项目进行独立股权的融资。这是公司领导阶层的一个重大决策，它的成功与否将会影响公司日后的整体发展方向和进程，甚至影响到公司未来的形态。对这样一个年轻的公司来说，做出这样的决定还是需要很大勇气的。作为一个刚刚步入正轨不久的公司就能将资金问题周转至此，可见彭传捷的领导才干不一般。同样，做出这样的大胆尝试，也不仅仅是彭传捷的果敢和魄力，其中的分析和评估，需要一个团队的合作，更需要创业者自身的眼界和洞悉力。

对于彭传捷来说，这只是创业之路的序曲。

有话对“你们”说

彭传捷这样总结自己的创业之路：“我梦想成为一名企业家。我经历过彷徨和无助，也经历过冷嘲热讽，所以我知道梦想的可贵。这就意味着我会不断帮助他人，同时我也不会放弃梦想。”同样，他鼓励年轻人要有自己的想法。彭传捷表示，有梦想就要行动，有了什么灵感，就要去实现它。当然在行动时，需要足够的信心和魄力。彭传捷说：“如果已经走到了这一步，你需要做的就是疯狂一点，自信一点，哪怕是自负一点都可以，因为，年轻本来就没有什么是不可以的，梦想的力量是无穷尽的。”

创业光有梦想是不够的，一个人的阅历决定了他的思维方式和眼界。彭传捷认为这两样东西在创业中必不可缺。他回忆起当年自己的创业故事，说道：“做事情要有平常心，对于胜败得失要放宽心，不可以太露锋芒。”这些经验和教训同时也是彭传捷对后来者的提醒。“对于大学生来说，一直在象牙塔里，初入社会在很多方面会显得力不从心。面对社会上的人情世故，尔虞我诈、商场博弈竞争这些方面都会显得青涩和准备不足。”这是彭传捷在回忆自己曾经经历的商务谈判和合同审核中所得到的教训。他说：“大学生，很多时候难免会意气用事，这样的错误可以理解，但是不可以再犯，在商场上要学会人情归人情，事情归事情。”

最后，彭传捷对锦城学院文传系的莘莘学子寄语：“不要认为有些课程不起眼，就忽视它，应该认真学习每一节课。关键是老师给你们传授个人生活经验的时候，不要以为是在和你聊闲，要认真总结其中的经验和教训。”

小　结

我十分荣幸能够采访到彭传捷，他开朗的性格让我印象深刻。在采访过程中，彭传捷不断强调母校对他创业的影响。学校一贯鼓励学生创业，在校开展“三练三创”，帮助学生创业；创业课程也为学生提供了创业流程及相关技巧的训练。文学与传媒系也在学生学习之余开展了“模拟实训平台”。这样的平台建设让学生积累社会实践的经验，磨炼专业技能和性情。在个人性格方面，彭传捷的魄力和果断以及他对自己梦想的执着也同样是难能可贵的。在本次的采访中，彭传捷所传达出的正能量，感染了我，在他讲述的创业故事中，也让我感受到他的热情与执着。愿他的创业之路能越走越远。

创业在左，感恩在右

——访 2010 级广告学专业“西禾工作室”总经理张静波

执笔：2014 级新闻学专业 杨俊杰

指导老师：杨震

> 我根本不是一个努力的人，仅仅是我很幸运，也刚好抓住了一些机会而已。
>
> ——张静波

2010 级广告学专业张静波

他高考失意之后离家出走，从简阳到犀浦，在一家咖啡店做兼职，叛逆的他以为这就是生活。某日，他无意闲逛到锦城学院，见识了人生中的第一所大学。当他回到家乡填报大学志愿时，突然想到锦城学院，便毫不犹豫地将其填写为第一志愿，然后自己把只略知皮毛的广告学专业写成第一专业。就是这样，2010 年 8 月，他来到了锦城学院。他就是张静波，文传系的同学对他肯定不陌生。作为“小西工作室”的创始人，他的名字在师生间广为流传。如今他定居成都，在保利中心创办了自己的“西禾工作室”，年收入达 50 余万元。

而成就他的就是大家耳熟能详的 Office 基础办公软件 Power Point，简称 PPT。

感谢懵懂

刚满 18 岁的张静波初到四川大学锦城学院时，对周遭的一切都感到陌生而新鲜，而天生腼腆的他对于什么事情都只敢做不敢问，像其他大一学生一样勤勤恳恳地奔走在学生社团和教学楼之间。第一次接触 PPT 是因为学生社团举办活动，需要制作 PPT 进行宣传。当张静波接到这个任务时，他完全不知所措，因为他根本不知道何为 PPT，更不知怎么制作。凭着钻研到底的态度，他开始在网上搜教程，从最基础的学起。到了提交 PPT 的时候，第一次接触幻灯片的他竟然被部长夸奖为做得最好、最认真的一个。这让懵懂的他受到了莫大的鼓舞，从此他的人生开始因 PPT 而改变。

自第一次接触 PPT 之后，张静波开始对它产生浓厚的兴趣。他自己在网上搜索各式各样的制作教程，从简到繁，从易到难。就是在这种不断地摸索和学习中，他开始在“做得好”的基础上精益求精。

而正是由于初次接触，才最大化地激发了张静波自身的想象力和创造力。“正式接触了 PPT 之后，我才知道原来我可以把天马行空的想象力发挥到极致，有时候睡觉前突然脑袋里闪过一个新模板，我会毫不犹豫地打开电脑记录下来，生怕这种灵感转瞬即逝。”张静波兴奋地说道。

大一下学期，民俗课老师要求分小组做一个关于民俗学的视频。而张静波那一小组的人对这件事几乎都不上心，眼看着交作业的时间越来越近，急坏了不怎么会做视频的张静波。在交作业的前一天晚上，张静波用他业余的 PPT 知识加上东拼西凑的教程，一直鼓捣到凌晨，最终把 PPT 导成了视频。第二天上课交作业的时候，老师惊叹张静波娴熟的技术和精彩的文案，夸奖道：“这是我从教这么多年来看过最用心的视频。”张静波听了之后备受鼓舞，更加认真地钻研 PPT。

2010 年，文传系当时只有五个专业。张静波自己“修炼”的 PPT 技术也已经在系上达到了众所周知的地步。本着资源共享和让更多人了解这一办公软件的目的，张静波决定建立一个学习小组，共同探讨研究这一大学生常用的基础办公软件。起初这一做法并不被众人看好，全系的报名人数总共只有 15 人，而这 15 人就是“小西工作室”的第一批学员。经过一学期的培训，有三人表现得特别好，也愿意花时间去钻研，所以就留了下来作为培训下一期学员的“老师”。

在大二的下学期，“小西工作室”如期进行了第二次招生。第一学期“小西工作室”所取得的成果大家都有目共睹，所以这次报名的人数明显比第一次增加了许多。由于培训的“老师”不止张静波一人，“小西工作室”共同商量决定收取每人每节课 10 元的课时费和资料费。张静波说：“从第二期开始收费，说是收费，其实也只是象征性的收费，让大家知道我们也是有劳动付出的，希望大家可以珍惜在一起学习讨论的时间。我们一开始是给大家培训没错，但是只要把最基础的教给他们之后，其实更多的时间我们是在共同探讨学习有关 PPT 的问题。”从此之后，“小西工作室”就走上了正轨，每学期都会招收一批学员。而最让张静波欣慰的是，从第二期开始，只要是工作室的成员，无一不是优秀而又上进的。工作室每次开会都是在活跃的氛围中进行的，大家共同探讨和更新资源。尽管当时的条件有限，教学选在学校的教室，同学们自带电脑，边听边学边操作，但一切都是和谐而又人性化的。换句话说，在“小西工作室”里，是没有等级之分的。我曾采访过 2012 级广告学专业的高成瑶，她是第一批“小西工作室”成员之一，见证了整个工作室的初期发展。“最开始工作室并没有受到学校的广泛关注，我们纯粹是抱着兴趣参与进来的，结果发现它真的带给了我很多不一样的东西，除了相关的专业知识外，还有很多志同道合的朋友。”

感谢机遇

2012 年，张静波大三的时候，“小西工作室”发展得越来越好，学员也从几十人增加到了上百人，这个最开始不被看好的项目逐渐被学校广大师生所熟知。这时候的学员招收范围已经从文传系扩展到整个学校。随着“小西工作室”规模的逐渐扩大，收费也变为一学期一次性缴纳 100 元，但是张静波除了满足自身基本需求以外，全部平均分发给了为“小西工作室”共同努力的伙伴们。

与此同时，系领导深知 PPT 对现代大学生技能培养的重要性，于是找到了张静波，准备把“小西工作室”发展成模拟公司。系上打算用“小西工作室”所拥有的技术，为类似网站等新媒体做辅助。虽然张静波接受了系领导的建议，但是并没有完全按照系上的要求来做。在他的观念里，兴趣永远是最好的老师，他不愿意用学分来约束同学们，所以这件事最终也不了了之了。

当我采访文学与传媒系的主任毛建华教授，提到张静波时，毛主任赞不绝口地说：“当时，张静波这个孩子是吴志刚老师推荐给我的，说他天资聪明，是个难得的技术型人才。后来他去参加省团委、省学联主办的‘首届四川省微视频微电影大赛’，拿了金奖回来。我就觉得这个孩子很能干。”毛主任表示，“小西工作室”有一定的特殊性，因为是工作室性质，所以不太方便管理，他当时很想把“小西工作室”办成一个创业型的孵化平台，但是由于当时系上也缺乏这方面的经验，所以就搁浅了。最后“小西工作室”就成为了一个文传系上认可、由学生自主成立、自行发展，带一点实训性质的独立平台。据了解，当时系上对“小西工作室”全部是持支持的态度，都希望张静波能及早注册，把它做成一个创业型学生平台。

毛主任补充道：“在我看来，张静波是个很有想法的学生，在创造力和想象力方面很有天赋，动手能力也比较强，他创业成功是迟早的事。”原来，在2014年的上半年，学校准备制作四川大学锦城学院2014年招生宣传片，学校高度重视这件事。校领导指派了很多部门同时制作宣传片，包括艺术系编导专业的师生还有学校通讯社等，最后选出最好的作品在川大官网和电视台播放。这时，毛建华主任就推荐了张静波来制作这一宣传片，让他尝试一下。当张静波了解了要求之后，便开始思索新颖的表现方式来突出锦城学院的特点，他放弃了最传统的镜头拍摄方式，选用了独具创意的PPT转成视频的方式来完成。当所有的宣传片一起交去最终审核的时候，张静波做的宣传片获得了学校领导干部的一致好评，并最终选用为2014年锦城学院招生宣传片。自这件事情之后，张静波的名声红遍了学校，校学生会、团委以及学工部都经常会请张静波来帮忙做片头视频等，而他从来都是热情地帮忙到底。大家都知道文传系有个厉害的“PPT达人”，创办了一个“小西工作室”。自此，“小西工作室”达到了前所未有的鼎盛状态。

感谢迷茫

都说现在的大学生毕业就相当于失业。但张静波大四那一年，周围的同学都在忙着实习，找对口的工作或者考研，而他则什么都没做，用他的话来说就是“迷茫徘徊”了一年。一方面，张静波放心不下让其他人来管理“小西工作室”，生怕这几年的心血毁于一旦。另一方面，他还在思考是否要把 PPT 作为他未来谋生的手段，迷雾重重的前途让他看不清方向。

大三结束的那个暑假，因为张静波没有开公司的经验，也不清楚现在的市场现状，所以他决定找个可以实践的地方。机缘巧合之下，张静波找了一家传媒公司合作，公司老板说可以为他提供一个主管的部门和硬件设施，张静波只负责做 PPT，条件就是必须预付两万元的押金。尽管如此，张静波仍然心动了。等张静波入驻之后，实际情况却让他大跌眼镜，跟他合作的这个公司从事的行业跟 PPT 关系不大，所具备的社会资源也根本用不到。所以待了三个月之后，张静波便离开了，直到合同终止的一年后，他才把押金要回来。为了防止此类得不偿失的事情再次发生，张静波做了一个大胆的决定，他想用大四这一年来思考未来的人生之路，问问自己是坚持梦想继续往前，还是向现实低头，找个对口的工作平凡地生活。这一年，张静波为了使自己的技术更加娴熟，实践能力更强，他开始东奔西走地去接单，小到个人，大到企业。因为没有一个合适的平台让人发现他的技术，所以他吃了不少闭门羹。但凡事都是有利有弊，正因为频繁地和公司企业打交道，所以他把市场环境摸得一清二楚，哪些单位需要什么样的作品方案，他都了然于胸。

“大四的夏天，我每天从学校骑 12 公里到郫县做 PPT，做到凌晨三四点，再一个人骑车回来。有时候晚上回来的路上下暴雨，大雨打到眼睛里，全是血丝，雨大到路都看不清；有时候电瓶车没电了，就只有推回学校，最远的一次推着车走了八公里。那种感觉可能这一辈子都忘不掉。”张静波感慨地说道。另外，让他觉得最应该感激的人就是父母，在他创业的路上，张静波父母一直是持支持态度的，尽管他们不懂电脑技术，更不懂 PPT 为何物。正所谓“男儿志在四方”，父母就是这样一直抱着放手让张静波去闯荡的想法来支持他。从大二开始，张静波的学费就没向家里要过一分钱，全是他自己努力赚的，所以他一直很让家里人放心。他自己也深信，哪怕碰壁哪怕受挫，只要一直坚持不放弃，总会有雨过天晴的那一天。

感谢热情

支撑张静波拼到现在的，不仅只有对梦想的坚持，更大一部分是他对PPT的热情。在他的眼里，他从未单纯地把PPT当做一个基础的办公软件或者谋生手段，而是把它当成像音乐、绘画那样的艺术来对待。2014年6月，张静波的大学生涯到此结束，他选择了把“小西工作室”带到市场上，注册成公司，以便更好地发展。选好了公司地址，准备好了材料，他与“小西工作室”的几名核心成员共同创建了“西禾工作室”。梦想成真了，他真正建立了一个以PPT为主体营业项目的公司。

万事开头难，因为前期经验不足，所以公司在管理和营销上都存在缺陷，客户还停留在大学时张静波出去找的社会资源上。他也曾因为判断力不足，意气用事，零预付接单，造成被“放鸽子”的两亏局面。张静波意识到，一个公司的发展远没有想象的那么容易。他决定不再坐以待毙，而是主动出击，去推销“西禾工作室”，到高新西区以及郫县周边的事业单位寻求合作，到附近高校开展以PPT课程为主的教学等。张静波每天都在忙碌地接单、谈合作，久而久之，他渐渐摸清了其中的套路，制定了一套完善的运作流程来完成揽单这一“技术活”。正在此时，当时和他并肩作战的伙伴们开始纷纷打起了退堂鼓，有些是因为家里给的就业压力太大，有些是因为想要一份更稳定的工作，还有些则是因为觉得创业的过程太艰难等。这让张静波沮丧了很长一段时间。当谈到创业伙伴时，张静波这样说道：“他们都是和我从‘小西工作室’开始一起打拼的，除了是工作伙伴外，更是朋友。PPT就是我们大家坚持的一个梦，只是他们放弃了，我还在坚持而已。但是我也要感谢身边来来去去的人，他们让我懂得了我想要的到底是什么。”

经历了一年社会历练之后，张静波变得更加成熟稳重，他本来就是一个不喜欢被控制的人，哪怕再难也要自己闯出一片天地。他调查得知，在成都市以 PPT 为主体经营项目的公司加上“西禾工作室”一共只有两个，这让他又重新燃起了斗志。他开始调整思路，以高校合作为主打项目，重操旧业，回到学校给大学生授课。因为他深知“最基础的东西永远不会死掉”，而 PPT 在大学里永远是不会过时的。

而这次，人们不再是因为张静波而记住“小西工作室”，而是因为“西禾工作室”记住了张静波这个人。他一个学校一个学校地跑去谈合作，思路对了一切都很顺畅。很快“西禾工作室”在行业范围内开始被大家熟知。最让张静波欣慰的是，现在不用再挨个去找客户资源，而是只需坐在公司里等，就有人主动找上门来谈合作。大到郫县县政府，小到个人私营公司，无一不是“西禾工作室”的常客。张静波说：“我对自己的要求一直很严格，所以我也把这点带到了工作中。‘西禾’的名气打出去以后，一直是以质量为招牌的，所以返工或者不满意的情况很少。久而久之，客户又变成传播者，所以现在完全不用担心‘西禾’的客户资源问题。”

感谢目标

张静波说，他能走到现在没有任何的捷径，如果非要说捷径的话，那就是完备的计划。他很明白“聪明的人绝不打无准备之仗”这一道理，所以从大学就开始计划毕业之后的创业目标，然后一步一个脚印，脚踏实地地往目标奋斗。当我问到他现在对“西禾工作室”有何规划时，他表示，第一是准备把“西禾工作室”的分区扩大，把它从成都的西面复制黏贴到成都的四个角，乃至辐射到全市、再到全省；第二是准备扩大规模，把“西禾工作室”做成一个专业的 PPT 生产线，更加流程化、统一化；第三是他有个很大胆的设想就是将来可以发明一个视觉可视化设计软件，简单来说就是 PPT 自动生成软件；最后一点是他想在“西禾工作室”发展得更好的时候，就不再仅限于做 PPT 了，可以加入很多其他富有思想性和创造力的新媒体产物，这样才能更好地迎合“互联网 + PPT”的新时代。

“西禾工作室”虽然才成立两年，但不管是信誉度还是知名度，在社会上都已经达到了不容小觑的地步。截止 2016 年 1 月，“西禾工作室”除了和成都部分高校有密切合作关系之外，与“西禾工作室”合作的政企单位也达到上百家，其中有郫县人民政府（包括郫县交通局、农业与林业局、旅游局、水务局、经济与信息局等十多所当地政府单位）和温江人民政府（包括招商局、农业局），以及成都市政府中的质量监督局和旅游局等。企业合作的范围也是遍及社会各个领域，大到奥迪汽车等一线品牌，小到创意公司或者私人企业，都在不同程度上与“西禾”有过合作关系，甚至有些已经建立了长期合作关系。2015 年，“西禾工作室”的总营业额达到了 50 万元左右，这个数字对一个刚成立不久的公司来说，是非常可观的。

当谈到个人目标时，张静波笑了笑说：“其实我从小就有个梦想，就是当动画导演，虽然现在看来跟我的事业八竿子打不着，但是只要一有机会，我一定会去实现它。”

张静波能创业成功，绝不能归功于某个单一的因素。他经历过懵懂，所以更清楚地认识了自己；他把握住了机遇，所以能够在自己喜欢的领域继续深造；他有过对前途的迷茫，所以更坚定了梦想的方向；他保持了从一而终的热情，所以有更大的动力推动他前行；他制订了人生每一个阶段的目标，所以才能一步一脚印地向目标迈进。

张静波感恩创业途中遇到的所有的人或事，没有他们，就没有如今的张静波。有一句希腊谚语是这样说的："忘恩的人落在困难中，是不能得救的。"正因如此，对待过去的或者正在经历的事，我们应该存一颗感恩的心，学会在挫折中成长，在顺境中总结。

最后，张静波表示，从自己走上创业这条路开始，就从没想过回头。感谢母校的创业教育和学校领导对大学期间他创立的"小西工作室"的支持，没有这些或许就没有他的现在。最后，他衷心祝愿母校能一直发扬"应用型大学"的办学方针和文传系所提倡的"技术型文科人才"理念，让更多的学弟学妹学有所成，找到自己人生的新方向。

从零到一，梦想照进现实

——访 2010 级行政管理专业四川川窖酒业有限公司总经理张文芳

执笔：2014 级行政管理专业李佩蔺

指导老师：霍岩

> 一般的人注重于如何从一到一百，而我更看重的是怎样从零做到一。
>
> ——张文芳

2010 级行政管理专业张文芳

十一月下旬的成都，开始蒙上了一层浓重的寒意。加上天气阴晴不定，淅淅沥沥的小雨伴着冷风袭来，更是让毫无防备的人们显得有些措手不及。

那日下午，我早早地在约定好的采访地点等候着。出于对母校的怀念，张文芳希望能在校园内进行采访，我便将采访地点选在了系上的一个摄影教室。本担心受天气的影响，采访不能准时进行。但没想到的是，在约定时间的几分钟前，门口便出现了一个身影。张文芳身形微胖，整个人散发着一种稳重但却不失亲和的魅力，而一身笔挺但却难以抵挡寒流的西装，更是让人内心为之一颤。

张文芳，四川大学锦城学院2010级文学与传媒系行政管理专业优秀创业校友，其创立的四川川窖酒业有限公司，如今在全国拥有140多家分店，公司发展前景良好。家境贫寒的他从昔日的一无所有到如今的事业有成，一路走来，经历过很多异于常人的艰辛。在校期间，张文芳便开始为创业赚取了第一桶金，毕业后，他更是凭借自身的毅力和独到的眼光，分析市场并把握市场契机，攻克创业路上的一个又一个难关。毕业一年后即拥有了12家分店，在接下来的时间里，又以月月递增的惊人速度将分店扩充至140多家，遍布全国各地。其公司第一年的收入为180万元，在第二年迅速攀升至800多万元，而未来一年内预计在第二年的基础上实现翻番。两年间，公司也先后斩获“2013年度消费者满意示范单位”“消费者喜爱产品”“诚信民营企业”“重合同守信用单位”等头衔。张文芳说：“一般的人注重于如何从一到一百，而我更看重的是怎样从零做到一。”

初次见面时，张文芳颇为腼腆少言。从始至终挂在嘴边的还是那句：“现在学校越来越漂亮了！和以前相比，变化太大了！”而脸上也不经意间流露出作为锦城人的自豪和骄傲。

是意外，更是缘分

四年时光匆匆流逝，仿佛一切都只若初见时的模样。2010年，在那个弥漫着青春气息的夏日，和所有刚刚踏入校门的新生一样，张文芳也满怀希望和迷茫。

谈到缘何选择锦城学院，张文芳认为是乌龙，但更多地却是缘分。上初中时，他希望考入军校，然而却事与愿违。高中时期，受到家里影响，再加上个人念念不忘的军校梦，所以他对飞行员这一职业产生了浓厚的兴趣。文化成绩优异，体检报告过关，但在那次去北京进行尘埃落定的最后一次检查前，他的腰扭伤了，导致他的飞行员梦想，便就此画上了句号。讲到这里，张文芳没有想象中的那么遗憾和难过，只是将之作为一件小事淡淡带过。

在高考结束后的那段时光，焦急、等待、期盼交织着上演在七八月的夏天，多少个家庭整日忙着估分和研究志愿，高考的热度似乎并没有随着高考结束的铃响而消散，反而随着酷暑愈演愈烈了。没有一大家子人的讨论，没有层层叠叠的招生考试报，张文芳站在高中学校的机房外面，预估了自己的分数后，找同学借了一份报纸，他在锦城学院和锦江学院之间拿不定主意。后来他无意间发现，锦城学院的文科比锦江学院多了一个专业，于是选择了锦城学院，那年的夏天，他收到了锦城学院的录取通知书。他说，到现在，他都很感谢当时做的那个决定，锦城学院，是他理想中的大学应有的样子。

那些年，他性格内敛少言，但人缘不错。

那些年，他和大部分大学生一样，成绩平平，表现平平，爱熬夜，爱睡懒觉，爱整日宅在寝室，也爱疯爱闹。

那些年，他也有着自己的兴趣爱好，加入了锦城学院的魔术社、学院外联部和锦丰农场。

那些年，他也无数次幻想和规划过自己的未来，只是时间在变，环境在变，现实也在变化。

直到那一年，他经历了大学中最刻骨铭心的日子，也是那一年，他遇见了她。

坚定创业路，不畏拦路虎

大二那年，机缘巧合之下，他结识了现在的妻子。“她是电子科技大学成都学院的学生。大家慢慢从相识、相知到相恋，一路走来，十分不易。我们都为彼此改变了很多。”张文芳说道。或许也就是在那段平淡却不平凡的日子里，两个人互相认定了对方，一人，一生。

同年，张文芳的创业之路也拉开了帷幕。对于创业的想法，他说早在大学之前就已经在心底萌生，然而家里人希望他去从政，于是他便打消了这个念头。大二的一个转折，却促使他将创业这个想法付诸实践。“大学前两年，由于个人原因，在外面欠了一些外债。当时，我心中萌生出这样一个信念，不做违法乱纪的事情，不去犯罪，我一定要把我自己欠下的钱全部还上。就奔着这么一个信念，才有了我的今天。”张文芳回忆道。也就是这个契机，促使了他重拾创业的想法。但是由于资金严重短缺，加上家里的反对，所以对他而言，相比于其他家境富裕的创业者来说，他的创业显得更为困难和艰辛。好在他并没有因此而退缩，因为在他心头始终萦绕着一份责任和担当，那时张文芳的女朋友也在用实际行动默默支持和陪伴着他。在张文芳看来，学生时代的女生应当是无忧无虑，尽情享受时光的美好和青春的活力的。而他的女朋友却选择一心与他共渡难关，现在想来，这些奋斗打拼的心酸和疲累在他们青春最美好的日子里都开出了花。

“在创业过程中，她对我的支持可以说非常大。就拿起初我们做那些盒饭生意来说，作为一个女大学生，所有的盒饭都是她自己炒的。平常我们该上课时上课，下课后，我们就回到租的房子里，炒盒饭送外卖。那段时间，还是很辛苦的，有时候晚上睡觉，脚都在不停抽筋。”说到这里，学长略微有些哽咽，后继续道：“那个时候送盒饭，最高峰的时候有 400

多份。晚上休息时，身体各种疲累。但我觉得这并没有什么，不管是为了减轻家里的负担还是还清外债，都是值得的。我也要感谢这段经历，确实让我从中发现了挣钱的艰难与不易。”

大学的这段经历，并不能称得上是张文芳真正意义的创业。但不可否认的是，这段经历为他后来的发展奠定了基础，也让他真正快速地成长起来。这一个过程也被张文芳称为是“从零做到一”的一个阶段。

毕业以后，张文芳走上了正式的创业路。在众多的行业和市场中，张文芳选择了酒行业。

谈到酒，就不得不谈谈中国的酒文化，中华文化博大精深，而酒文化更是源远流长。在中华五千年的历史长河中，酒文化一直占据着重要地位。作为一种精神文化和物质文化并存的文化形式，酒对于中华民族的意义是特殊的，更是独特的。在这几千年的历史中，酒和酒文化几乎渗透到社会生活中的方方面面。张文芳说：“就像我经常说到的，一定要找到你产品所在的市场，这是至关重要的。我之所以选择从事散酒行业，是因为中国的酒文化源远流长，不管是拍电视剧，还是谈及古代历史文化，酒都是无处不在的。从这里，我们就不难看出酒在中国的根基是很稳固的。”再者，从散酒行业本身的优势而言，相较于瓶装酒，其成本相对较低，价格便宜，能有力迎合当前消费水平低的现状，因此在大部分地区，散酒市场还有一定的潜力可挖。除此之外，散酒因为酒精度高，所以在制作药酒这一领域也有其独特的优势。加之当前国家打击高端消费，散酒行业正好能够响应国家政策和市场需要，这些也恰恰是他看重这一行业的关键。

但生活并不总是一帆风顺，没有多久，问题就接二连三地出现了。首先，是对于酒的了解不够。要想做好一件事情，对该行业深入了解是前提。“我本人不喝酒，家里更是没有人沾酒。当初选择这个行业时，一开始我对酒知识的了解甚为浅薄。当有人询问我和酒相关的问题时，我是一问三不知，这让我十分汗颜。我也渐渐意识到懂酒甚至是深入了解酒文化的重要性。于是，我开始一步步慢慢地去学习。”张文芳说道。好在当初的他并没有知难而退，因为知道和别人的差距，所以，他不断学习，不断深入了解酒的相关知识，付出着比别人更多的努力，最终走出了这一困境。不久后，公司慢慢步入了正轨。

公司发展初期，资金和招商始终是制约公司发展的大难题。资金的短缺主要表现为公司所拥有的资金量少于维持企业正常生产所需要的资金量，但资金无疑是公司进行生产经营活动的必要条件。倘若资金短缺，又无法及时筹措，那么企业的生产环节、工作环节、投资环节就无法实现，甚至还会导致债务危机，使企业陷入内忧外患的困境。公司的生意差和招商困难等问题，又将公司的发展推入了更加尴尬的境地。谈到这一时期，张文芳不由得紧蹙起了眉头，他说：“资金紧这个问题，勒勒裤腰带也就过去了。只要能够对现有资金进行合理利用，实际上也没有太大的问题。针对生意差，我们想了一些促销的办法，比如做宣传、搞活动。通过这些促销办法的实施，生意状况也逐渐好转了起来。至于招商难，这也是我目前经营中的一大难题。当初在读书时，我就应该多去了解电子商务，学习跟其有关的一些专业课程。时下，电子商务这个领域确实发展得很好，这也是值得我们学习的地方。因此，目前我们公司借助百度、360、搜狗、搜狐等浏览器来为产品及企业做推广。自从采用这些现代媒体为辅助渠道后，招商问题也就一步步迎刃而解了。”正是因为张文芳将问题一一分析并将其各个击破，才使得他的公司从困境中走出来。目前他的公司也处于良好的发展势头。

当我感叹于张文芳如今的成就，并告诉他我从之前的资料知道他已经开了五家分店时，张文芳不好意思地笑了笑，纠正道：“实际上现在早已不止五家分店了，我们早就打进了全国市场，针对全国在做加盟。”听到这里，我心中不由得升起了更为强烈的敬佩之意。

回望过去的挫折，谈及这一路走来的经验教训，张文芳说：“对教训而言，我觉得就是刚刚说到的，不要害怕输，即使输了，重新站起来便是。而经验的话，实际上，每个人都有自己想问题办事情的独特方法，对我而言，有以下几点。第一点，要找到你产品所在的市场。第二点，组建自己的团队。第三，公司内部的分工要明确，计划要清晰，今天要做什么，明天要做什么，对于这些问题，一定要了然于心。第四，接地气。这一点也是我认为不可或缺的。简单来说，接地气就是你做的产品要适应市场的需求。你要先找到一个大的方向，然后再因地制宜来确定细节。比如：你要从事酒行业，想从白酒入手，这个时候就要考虑，白酒中你要做什么香型。因为每一个地方的文化和特色都是截然不同的。在成都，这个酒的香型也许会卖得很好，但是到了北京，它的生意也许就不景气。当出现这种情况时，就要适时地调整你的产品结构。”同时，张文芳也谈到在创业中，最为关键的是创新和敏锐的眼光。“首先，你要找到产品市场的所在地，这就需要独到的眼光。每个人的思维不同，看的行业、角度自然各异。其次，就是创新能力。因为现在各行各业，大家都有所涉及。因此，制胜法宝则是‘人无我有，人有我优，人优我新’，创新是关键”。综合归纳起来，张文芳的创业成功之道其实就是，眼光要独到而敏锐，同时正确分析市场，抓住机遇并适时创新。

对于今天的成绩，张文芳说还要感谢他的性格。张文芳性格内敛，不爱说话，但做事踏实，且为人处世一直不错，所以颇好的人缘成为他创业道路上最大的财富。与此同时，他也感激他妻子一直不离不弃的陪伴和支持。当谈到公司未来的发展前景时，张文芳表现出了强大的信心，他说：“目标，一定要给自己再定大一点。现在我们放眼全国市场，针对全国进行加盟和扩展分店。预计明年，我还会注册一个品牌，放眼国外，走向国际，做最高档的散酒，将酒进行出口。”

张文芳说，创业对于他的改变，不仅仅是物质生活的富足和一路走来的经验收获，更多的是时间观念和思维方式的转变。从时间观念上来说，他不禁将现状与大学时期做起了对比。他说：“上大学时，一般都是睡到上课铃响，大家才会起床。但是，当你出来认认真真做一件事情的时候，观念行为自然会发生变化。因为只要到点，人是会醒的。以前读书，不管平常还是周末，我也爱睡懒觉。现在无论何时何地，我每天早上 7 点必会准时起床。和大学相比，判若两人。”那一句“因为只要到点，人是会醒的”对我的触动尤为深刻，因为我意识到，这个“醒”不仅仅是指的作息现象，同时也蕴含着人成长转变的关键点。话虽朴素，但所传达出的道理却是意义非凡的。再从思维方式的转变上来看，张文芳提到，创业初期，就是想着做一点小小的事情，并没有把眼光放那么长远，只是在经营的过程中，发现这种思维适应不了眼下的发展状况和趋势。起初只是想做好郫县以及成都市场，而现在已在全国各地进行了发展。这一点不仅是他的收获，更是他有如今成就所不可或缺的因素。

大学四年有遗憾，更有收获

回首四年校园时光，张文芳叹道，其实最遗憾最后悔的是没有在该读书的时间尽可能地多读一些书、多学一些知识、多写一些文章。现在步入社会，虽然想看书，想学习，想提笔，但总觉得时间不够用，况且笔杆子一放下，再提起来就更加困难了。张文芳希望学弟学妹们能引以为诫。他说：“好好学习，不只是学会专业知识，更重要的是提高自主学习的能力，这个很重要。与此同时，也要主动到别的专业去蹭听一些课。能蹭就蹭，能听就听，多学多看。一定要多去图书馆，那才是真正的知识的海洋。四年时光很快，一转眼就过了。”

与此同时，张文芳说最感谢的还是锦城学院的培养模式。当年他加入“锦丰农场”的外联部和项目部以及学院学生会外联部，着实将他不爱说话、害怕说话的性格转变了一番。他回忆道：“以前读高中时，上课老师叫我起来回答问题，我都不敢说话。明明知道答案，有时候说出来声音都在发抖，很害怕，也很内向。”他还说道：“因为在那个时候，我就意识到我比较内向，所以我想，加入外联部一定能够有机会出去磨炼一下自己，多与别人交流，多说一些话。而事实证明我的口头表达能力也确实得到了锻炼。”在锦城学院这些年的经历，无疑使他成长为了一个更好的自己。

谈及锦城学院，张文芳满是自豪，说不管是学校的管理制度、校区建设、宿舍食堂、老师上课的方式和老师个人的魅力都使他难以忘却，这也将成为他人生中最最珍贵的记忆。

针对目前在校的学生，张文芳说：“一定要把握好自己的方向，你若是要想从政，就多去看看《申论》，做《行政职业能力测验》题目；要想从商，不仅要学好专业知识，也要自主学习相关内容，例如电子商务方面的知识等，去相关专业蹭课学习也不失为一种好的选择。”

对于现下火热的大学生创业问题，张文芳表示鼓励与支持：“我觉得当前我们应该鼓励大学生创业。大学生不怕失败，因为我们现下一无所有，就算失败也败不了什么。而这个过程能磨炼人的意志，能收获意想不到的精神财富。若干年后，你转念细想，其实你并未丢失什么，充其量也就是几年的青春，我们也没有什么输不起。”

是的，因为青春，所以我们没有什么输不起。而这，就是他“从零到一”的人生态度。

后　记

采访结束后，我开始整理起脚架，准备与学长进行合影，他在一旁耐心地等待着。他对于这个教室的选择感到满意，但同时也有些许诧异。他问我为什么会有这么多的摄影器材，他从来不知道系上还有这样一个摄影教室。当我告诉他我们所在的是摄影实训平台时，他鼓励我一定要一直坚持自己的梦想，并且多出去历练自己。

在四处闲逛校园时，张文芳满是怀念又满是新奇。最后，我们选择在孔子像前进行个人的照片拍摄。“咔嚓”，伴随着快门声响，一张照片定格于显示屏上，这张照片同时也定格了他这些年来被艰苦创业所打造磨砺出的最优秀的模样。

创业如逆水行舟，不进则退

——访2011级行政管理专业遂宁市七天优品进口百货超市创始人龙毅

执笔：2013级行政管理专业李长乾

指导老师：王大江

2011级行政管理专业龙毅

他，是文学与传媒系第九届团总支学生会主席，在大二担任系外联部部长期间，为文传系每一场活动都成功提供赞助商；从大四到如今曾依靠自己的力量前后三次创业，现在经营着一家占地面积180平方米，月销售额20万元左右的“遂宁市七天优品进口百货超市”，目前正在筹划创办一家千万级资产的外贸公司。他，就是我系优秀校友——龙毅，一个有理想、务实且敢于挑战的大学生创业者。

一步一个脚印

还没开始采访龙毅之前，就时常从老师的口中听到关于他创业的故事。我怀着忐忑的心情拨通了电话，这是我第一次尝试采访他人。在交谈了几句之后，我发现电话那头的龙毅是一个谦虚、务实、健谈而且说话非常有亲和力的人，这也一下子让我紧张的心情恢复平静。这次通话非常愉快，不仅增加了我对本次采访任务的信心，同时也让我对龙毅的创业故事产生了更大的好奇心。

进入大学之前，龙毅觉得自己并不是一个擅长结交朋友的人，特别是在人际交往方面，缺乏足够的口头表达能力，甚至有时候连场面话都讲不熟练。在发现了自己的不足后，内心的上进心驱使着他做出改变，下决心一定要充分利用大学时间去锻炼和提升自己。于是他毅然选择加入文传系团总支学生会这个大家庭，希望通过学生会这个平台不断超越和磨炼自我，增强个人的综合素质。龙毅就是这样一个对自己要求严格，希望自己更优秀的人。他在学生会一干就是三年，一步一个脚印，脚踏实地地从一名外联部干事做到外联部部长，最后竞选为学生会主席，这段经历也成了他大学最宝贵的记忆。

想追求更大的进步，就要比别人付出更多的努力。在学生会的那些日子，让龙毅觉得最有成就感的事情就是在担任外联部部长的那一年时间里，成功地为文传系每一次的活动都提供了赞助商。要知道学生去校外找商家拉赞助是一件非常不容易的事。一是现在各大高校都有很多学生组织专门负责拉赞助，竞争压力非常大；二是许多学校给商家做的宣传活动效果都很不理想，甚至有坑商家的行为，这就严重损害了学生与商家之间的合作信誉，造成了不少企业不愿意赞助校园活动的严重后果，也使许多学生组织拉不到赞助。而龙毅在面对这样的困境时，却能一次又一次拉到赞助，让人不得不佩服他的商业谈判能力。

勇于担当是一种美德，这种精神在龙毅身上体现得淋漓尽致。为了迎接文传系一年一度的“感恩晚会”，龙毅组织外联部人员积极参与晚会的准备工作，其中就包括为晚会拉赞助。在分析了当时的情况后，他利用周末的时间，亲自带领两个外联部干事到成都春熙路商业广场，逐个地去询问商家有没有合作的意愿。

经过不懈努力，龙毅很快便在“春娟”化妆品公司那里打探到了该公司最近确实有进校园宣传的计划。得到这个消息的龙毅仿佛看到了曙光，他前前后后用了一个多月时间和“春娟”化妆品公司洽谈赞助文传系“感恩晚会”的事情，期间多次去该公司所在地与项目经理进行面谈。终于，功夫不负有心人，该公司最终答应了赞助文传系的“感恩晚会”。

就在龙毅以为尘埃落定时，事情突然发生了180度的大转弯。原本已经答应赞助的“春娟”化妆品公司突然变卦，理由是公司宣传重心将转移到广播电视等其他平台，取消了在高校进行宣传的工作计划，这也就意味着历经了一个多月辛苦谈判拉来的赞助突然之间化为乌有。而此时距离“感恩晚会”的开幕只有不到一个星期的时间了。

这给当时的龙毅带来了不小的压力，马上要开幕的“感恩晚会”是文传系一年一度的重要活动。赞助资金和物资不能按时到位的话，晚会的筹办工作也没办法继续进行下去，这好比马上要上战场的士兵发现手中的枪没有子弹一样。面对这样突如其来的变故，龙毅并没有被吓倒，而是不断地提醒自己要顶住压力，要想方设法在最短的时间内找到新的赞助商，总之一句话“必须拉到赞助”。这种迎难而上的精神，这种面对困难时的冷静沉着，这种敢于向困难发出挑战的勇气，正是一个青年人难得的魄力。

在冷静地思考之后，他想起了前段时间婚庆公司答应合作的事。于是拿起电话试着打了过去，万幸的是在和对方沟通、讲明情况后，婚庆公司十分爽快地答应了这次合作，并且提供的赞助资金和物资很快就到位了。这就印证了那句“当你努力奋斗时，上帝都会帮你”，就如成功的天平更喜欢偏向勤奋的人。除了学习之外，龙毅把大部分精力都放在了学生会，同时他也在这个大家庭收获许多，为他今后的创业积累了宝贵的经验。

善于发现身边的机会——初次创业

龙毅的父亲是一名商人，他从小就生长在一个商业氛围浓厚的家庭中，耳濡目染的同时更受到父亲的启迪，创业的种子也在他心里慢慢地生根发芽。大学期间，龙毅在一次翻阅杂志时无意间看到了有关一卡通的商业模式，喜欢创业和挑战的龙毅脑海里产生了一个想法——创业做一卡通。

有了目标与计划，不行动也无济于事。说干就干，龙毅用了两个月的时间，完成了具体的创业策划方案，联系好了制作一卡通的商家。由于创业项目的需要，龙毅还创办一个俱乐部，主要聚集了一群热爱犀浦、中海国际和龙湖天街这三个商圈美食的朋友。这张一卡通，整合了十几家美食店的折扣。俱乐部的会员不需要交任何费用，只需要购买一张龙毅的一卡通。

但是，后来发生的事让这个创业项目遇到了难以跨越的门槛。一个严重的问题出现了。这张一卡通的销售并没有达到预期的效果，因为整个创业项目收入的唯一来源就是一卡通的销售，但这张卡的定价也就在 35 到 50 元之间。后期，卖一卡通的收入还不够制作卡的代工费以及俱乐部开展定期活动所需的经费，这就意味着入不敷出，此时项目也没任何资金注入，根本不能运转了。

每一个创业者在创业的道路上都会遇到各种各样、大大小小的困难，有的困难通过努力就能克服，但有的困难因为种种原因无法克服。由于当时自身经验不足，龙毅也没能找到更好的盈利方法，无奈之下只能放弃自己的第一次创业。谈起这次经历，龙毅说："当时自己胸中的格局太小，眼界也不够高，最后才会不了了之。本来创业路上就是铺满荆棘的，没有谁能随随便便成功，况且我们年轻人需要学习的还有很多，只有在成长的道路上不断学习充实自我才能走得更远"。

坚持最初的梦想——第二次创业

第一次的创业经历让龙毅亲身体会到了创业的不易，但是越困难越有挑战，越能激发他内心那股对成功的渴望。热爱创业的龙毅选择继续勇往直前，无论前方是悬崖峭壁还是刀山火海，他都要去闯一闯，因为他是创业者。

重整旗鼓后，龙毅再次加入了创业大军。他应朋友邀请加入了一个互联网创业团队。有了前一次的经验，第二次创业时龙毅变得更加熟练，无论是选择创业方向还是市场分析又或是策划具体实施步骤，龙毅都比以前更为自信。

这次龙毅团队要做一个互联网 APP 软件，该软件可作为沟通商家和学校的桥梁。企业如果计划进入四川某个或多个高校举办产品宣传活动，可以直接通过这个 APP 寻找有意愿承办活动的高校，而高校的相关组织则可以把自己所能承办活动的类型、大小、时间段、宣传效果和学校基本情况等放在 APP 上供商家选择。这样就给商家和高校提供了一个双向选择的咨询平台，平台从中收取一定的佣金。

即使有绝佳的创业方案，创业也不会一帆风顺。制作手机 APP 软件是一个复杂的技术工作，团队三人在大学所学专业都跟网络编程技术不沾边。这就使得制作 APP 的工作不得不外包给其他商家，当然就产生了巨额的开发和运营维护费用。然而团队拿不出这么多的资金，只能引入投资人。结果，公司最大的股东变成了他们的投资人，公司的所有权也不再是龙毅三人的了。

原本的创业团队变成了替别人打工，这违背了龙毅的创业初衷。龙毅的梦想是通过创业打拼出一片属于自己的天地，而不是“寄人篱下”，他不会也不可能替别人打工。这就是龙毅，一个对梦想执着的人，一个真正有创业精神的人。在反复的思考与衡量之后，龙毅决定脱离这个创业团队。

虽然这一次创业再次无疾而终，但龙毅却有不同的心得。经历过两次创业，龙毅真正地领悟到了创业的过程就是和困难打交道的过程，你要么拥抱它进而战胜它，要么躲避它最后被它打败。在龙毅看来，第二次创业无果的原因在于创业团队没有把核心技术掌握在自己手里，作为一个互联网 APP 运营公司，自己没有技术就等于没有为核心竞争力，在市场上迟早会被淘汰。

当然，创业本来就是“九死一生”的高风险行，其中不确定因素太多，面对的问题也会层出不穷。一位著名职业经理人曾经说过：“商业就是和不确定性因素共舞的游戏，让我们成为其中最确定的因子。”或许正是创业的高难度吸引了龙毅，让他愿意选择逆风而行。能拥有一份靠双手打拼出来的事业，也是龙毅从小的梦想，吃再多苦、流再多汗他也觉得值。

归零，重新出发

一个人如若不能使自己的人生辉煌，但也没有理由让它平庸。

在经历了两次创业无果后，龙毅决定回到他的家乡——遂宁市。创业没有尽头，只有总结—出发—再总结—再出发……放下以前的包袱，才能轻装上阵。不管以前经历过哪些成功和失败，一切归零，重新出发。

龙毅回到家的第一件事，便是积极找渠道找市场，准备开始自己的第三次创业。龙毅整合自己的资源后，比以往更敏锐地嗅到了一个全新的商机——进口商品的供应。龙毅通过各种资源掌握了外国商品的进货渠道，随着三四线城市在进口商品消费需求方面的增加，未来这将是个很大的市场。不仅如此，三四线城市的进口商品市场竞争压力也相对较小。龙毅用自己的商业直觉预判到了未来数年内将会出现一个不断膨胀、高速增长的进口商品消费市场，这个市场会给他带来前所未有的机遇。通过一系列的市场调查、研究对比，龙毅果断下定决心开始第三次创业。

龙毅和母亲商量之后，决定以每年 10 万的租金租下母亲手中的一个大约 170 平方米的店铺，目前，龙毅每月要向母亲支付 1 万元的租金。当我听到这里时，感觉有些吃惊，在传统观念看来，孩子创业向父母寻求资金帮助似乎是合情合理、天经地义的事情，而龙毅却坚持要求以市场价向母亲支付租金。一种敬佩之情在我心里油然升起，紧接着我又追问他为什么选择这样做，他告诉我说，“咱们不可能一辈子在父母的庇护下成长，要给自己加压，要对自己所做的事负责，如果失败了也要对自己犯的错负责”。

龙毅给自己的店取名为“遂宁市七天优品进口百货超市”。订货之后，店里的进口商品陆陆续续地上货架，一眼看去琳琅满目。龙毅介绍，自己目前所开的这家进口百货超市每天的销售额在 5500 ~ 6500 元，月销售额 17 ~ 20 万元，并且利润很高。我听到这个数据时再一次惊讶了，一个刚毕业的大学生把一家开业只有 3 个月的店经营到如此水平是很少见的。在感叹龙毅取得不俗成绩的同时，他也坦诚创业非常辛苦，对于创业者来说，没有一天能休假，并且每天还要处理大大小小的问题，不仅是体能上的打拼，更是对毅力和经营能力的考验。虽然辛苦，但龙毅很喜欢这样的创业生活，因为他终于有了属于自己的事业，他还会更加认真、勤奋地发展自己的事业。

现在，龙毅的这家进口百货超市已经招了 3 名店员，有了员工替他分担工作，他感觉轻松了很多，对于如何管理好自己的员工，龙毅也有自己的心得。他说："员工们都是和他一般大小的同龄人，只有让员工感受到他们自己做的事有发展前景，能赚到钱，以及老板是个值得信赖的人，他们才会更加卖力地投入到工作中去。同时，不能把员工刻意当成下级，要平等对待，但是也要注意和员工保持距离。因为同龄人之间如果太熟悉，员工就会觉得和老板太熟以至于不分彼此，那么就可能会在工作中偷懒、谈交情之类的。这样不仅不利于店铺的日常经营，更不利于员工提高自身职业素质。"现在，龙毅会有意识地去锻炼自己管理员工的能力，他要为以后事业的发展壮大打下更牢的基础，同时他也相信自己的事业会随着时间的推移不断壮大。

学习，永无止境

从大学学习行政管理到现在的创业经商，对于龙毅来说是一个较大的挑战。面对在营销方面知识储备的不足和市场推广的经验缺乏，龙毅一方面通过阅读财经杂志和营销书籍自学，另一方面会定期到沿海发达地区观察学习一线市场的经验。

其中大学的学习习惯也给了龙毅很大的改变和帮助。龙毅谈到，行政管理专业有个特点，就是兼顾了很多企业管理方面的知识，如现代企业管理、人力资源管理等课程。通过学习，龙毅逐渐培养了一种管理思维，这样的思维方式对于现在创业的龙毅来说尤为重要。

每隔一段时间，龙毅就会去浙江、香港和深圳等地学习。通过细心地观察，他发现沿海城市在投资理念、销售模式和广告宣传方式上都很先进，要比内地领先很多。慢慢地，龙毅的眼界和思想都开阔了，分析市场也能更加深入和全面。同时，这也让他真正地领悟到了那句“读万卷书，行万里路”的含义。就是这样一边观察学习，一边经营着自己的事业，龙毅每天都在努力地让自己进步，因为他坚信，创业如逆水行舟，不进则退。

对于创业，龙毅有自己的心得体会。他说经商这条路很苦，如果你不进，就会退。特别是在分析市场方面，市场不是看书看评论就能了解的，而是需要一步一步去发现，需要不断地去看、去做、去学习、去感受。谈到对未来的展望，龙毅更是意气风发，对自己的事业前景充满了自信心。他强调，自己不会局限于这么一个店铺，同时他正在把他的进口商品铺向更大的市场。最近，他成功地与遂宁两家最大的连锁超市签订了合同，把自己的进口奶粉铺向了这两家连锁超市旗下的 15 家分店，他预计，这 15 家分店每天销售奶粉给他带来的利润就有 6000 ~ 7000 元。

未来，龙毅打算走国际供应这条路线，把好的外国产品带到中国，正如他现在所做的这样。此外，他还在筹划创办外贸公司。我相信，龙毅会逐渐成长为一个优秀的创业者甚至企业家。从他的身上，我看到的是一个有目标、敢想、敢做、吃苦耐劳、不怕困难的优秀青年，未来就是属于像他这样务实的奋斗者的。

03

走出象牙塔 文传创业之星

第三编

巾帼创业 不让须眉

马云说："做女性创业者非常不容易，相当地难，因为不管企业做得多好，事业有多大成就，没有一个人会放弃对你的要求，你必须是好母亲、好太太、好女儿、好媳妇，各种各样的压力在你身上。但是还要做创业的事。所以我心里充满了对女性的尊重！"

四川大学锦城学院是一所用心办教育的学校，提倡"做人第一、能力至上，培养学生会做人、能做事"。校长邹广严教授更是提出了"长板原理"，要求老师们发掘学生的"长板"，指导学生成长成才。在学生接受创业教育的过程中，指导他们选择项目要结合自己的优势，选择自己熟悉或者有兴趣的行业去探索、创业。

文学与传媒系是一个女生居多的系。系主任毛建华教授早在2005年建校之初，就响应学校号召，创办了学生模拟公司，着力培养学生的动手能力。至今，系上已经有23个较为成熟的校内仿真实训平台，并实现了所有学生“全覆盖”。在这些实训平台中，女生们充分发挥自身优势，许多人在其中担当大任，其中更有实训平台——《女生》电子杂志脱颖而出。从2009年起，文传系创造性地开始进行“培养泛媒体时代以写作为核心竞争力，以网络技术为重要辅助手段的技术型文科人才”的教育教学改革。文传系女生们既具备一定程度的写作水平，又掌握了较为熟练的网络技术，还经过了实训平台的实操训练，加上自身细致耐心的特质，她们对自身的“长板”充满信心。不少人在离开校园以后，经过比较和选择，毫不畏惧地走上了艰辛的创业之路。系上毕业的每一届学生，都能历练出令人瞩目的商界女性新秀。她们用事实证明，即使在“互联网+”的时代，文传女将们在创业中也不亚于其他人。她们在创业中有气魄、能坚持，有的甚至在创业的同时还要兼顾家庭和工作，这些巾帼新秀堪称新一代创业女性的榜样。

创业路上的各种艰辛只有创业者们自己才明白，这些辛苦在女性创业者身上更加突出。本编收录的正是这样一些文传女生的创业事迹。

一路选择，一路绽放

——访 2005 级行政管理专业“兜兜转转”水果店店主周芝

执笔：2014 级行政管理专业龚雪汭

指导老师：傅仕彬

2005 级行政管理专业周芝

漫步在锦城学院的校园里，随便找一个同学问到周芝，他也许会摇摇头告诉你他并不认识这个人，但问他知不知道“兜兜转转”水果店的店主姐姐，他肯定会很兴奋地告诉你：“哦！那个姐姐啊，我认识的，人特别好……”在同学们的一言一语中，我渐渐地在心中勾勒出了周芝的形象：柔顺笔直的长发，永远挂着灿烂笑容的脸颊，学弟学妹们口中亲切的大姐姐。

周芝，四川大学锦城学院文学与传媒系2005级行政管理专业毕学生，毕业后就选择了创业，现在正在锦城学院经营“兜兜转转”水果店。

初见周芝，是在2014级新生军训时。那时恰逢中秋佳节，她给不能回家的新生们送来了月饼和水果。在那个燥热的秋日，周芝犹如一阵清风拂面而过，从此，她美丽的身影便深深地印在了我的脑海中，我一直期待着能有机会更加深入地了解她。当我接到这个采访任务时，心中更是充满了喜悦。

回锦城，是正确的选择

在我的记忆中，每次行走在学校的广严大道，路过“兜兜转转”水果店的时候，总会看到周芝忙碌的身影，有时坐在店门后面的收银台为同学们结账，有时站在店门口为顾客发放塑料袋，邀请他们进店看看，甚至有时正在把货车上的货物搬到店里。她那看似柔弱的身躯，撑起了整个店铺。

出于第一次采访的兴奋和对周芝的好奇，我早早地和周芝学姐约好了采访时间，但当我如约而至的时候，周芝学姐却还是抽不出时间来接受我的采访。我悻悻地回到寝室，在心里还有一丝郁闷和失望时收到周芝学姐的微信：“妹妹，抱歉今天实在是太忙了，明天，明天就算天塌下来我都接受你的采访。”周芝学姐暖心的话语如明媚的阳光般一扫我心中的阴霾，我罗列好采访问题，更加期待第二天的到来。

“里面看，新鲜水果。”周芝学姐永远都会让人未见其人，先闻其声。每次路过周芝学姐的水果店，总是可以看到里面满满当当的新鲜水果和络绎不绝的顾客。

周芝学姐一边干着手上的工作一边告诉我，自己从毕业后就开始创业了，在她们那个年代，大学生毕业后不选择找一份安稳的工作却选择在外闯荡还是一件挺大胆的事情。“我能够有勇气做出这个决定，主要是锦城学院和文传系给了我很大的启发。在学校，我们上过专门的创业课程，还参加了创业大赛，这让我对创业充满了兴趣，所以就决定试一试。在学校学到的有关创业的知识和参加创业大赛的经验让我在创业初期没有那么畏手畏脚，反倒是信心满满。”

带着学校的给养，周芝在外闯荡了几年，从事了不同的行业，不过最终她还是选择回到锦城学院，回到这个让自己度过人生中最美好年华的地方。在问及为何会做这个选择的时候，周芝学姐淡然一笑，说道：“不管外界怎么看，选择回锦城学院是我做过的最正确的决定，我在这里学习生活了四年，我对锦城学院始终有着一种深深的眷恋，我能有今天的成绩，当然也和我在这里受到的教育分不开，锦城学院‘三讲三心’‘三练三创’‘一体两翼’的教育模式给我带来了极大的影响，邹院长经常会说‘做事之前先学会做人’‘做事不仅要扎实，还要不断创新’。这些话经常在我耳边响起。锦城学院给我的不仅仅是一纸文凭，更重要的是一种做事的态度，一种思考的方式。当然，更要感谢的是文传系的系主任毛建华教授，他博爱包容的精神也在无形中深深地影响着我，让我在创业的过程中眼光更长远，也更加淡定从容。”周芝学姐的大名在文传系人尽皆知，她总是无条件地为系上的各种活动提供赞助，也会积极参与学院的各项活动。

做一件好事不难，但是每天都做一件好事却是很难的，但周芝做到了。“作为商人，盈利是我的目的，也是我的本能；但是作为学生，我接受了大学这片肥沃土地的培养，更重要的是要知道感恩，师长教我知识，同窗伴我成长，他们都是我人生中一笔宝贵的财富，我要回馈他们，自然就该为系上为学院尽我自己的绵薄之力。”周芝在任何时候都总是笑脸迎人，她身边的人亦是如此。我想，这大概就是周芝学姐的人格魅力。

进文传，是幸运的选择

说起刚进校的情景，周芝“噗”的一声笑出来，说：“你们现在的条件比起我们那个时候简直是好太多啦。回想我们刚进校的时候，学校真的是很小，只有一幢主教学楼，新生报到的地方是在一食堂，宿舍区也只有篮球场旁边的那栋楼，到处都还在装修，哪像你们现在看到的那么大，设施那么齐全。”

作为文学与传媒系行政管理专业的首届新生，踏入校门时，周芝的心里和其他同学一样迷茫和困惑，不知道自己会怎样度过这四年大学时光，不知道将来自己毕业后会做什么。开学后的宣讲会和见面会让周芝很快地找到了方向，她知道了文学与传媒系的培养方法和培养目标，也了解到了学院的教学方针，“博学于文，奋斗于传”便是周芝大学四年的目标。说起在文传系，周芝学姐放下了手中的活，微微一笑，道：“能够进入文传系，是我的幸运。文传系的课程安排很合理，也有很多在本领域的专家老师给我们上课，作为行政管理专业的学生，我学到了很多专业知识，这些知识让我在创业的过程中一直受益匪浅。记得当初我也参加了系上的学生实训平台，这些实训平台交给了我在课本上学不到的知识和经验。当我走出校门准备创业的时候，我发现我并不是和那些刚毕业的大学生一样，对公司所有的运营程序和部门都完全不了解，我的头脑中有思路、有框架，我知道成立一个公司需要一些什么样的部门。在起点上来说，我是领先的。”

在文传系，周芝不仅学到了跟创业有关的知识和方法，更让她心存感激的是在文传系里遇到的那些人。“系主任毛建华教授是一个‘潮爷’，他虽然年近六旬，但是他的思想还是超前的，他善于接受新鲜事物，也会提出大胆的想法。作为行政管理专业的学生，可能毕业之后进入机关单位或者做公务员是大多数人的选择，可是我选择创业，这在一定程度上是毛建华教授影响了我。在我回到锦城学院之后，文传系的曾瑜老师、刘武老师和各位系上的老师都对我帮助很大。当初我们班上的同学现在都会经常联系，他们对我也给予了支持。现在文传系的学弟学妹们在认识我之后也会经常光顾我的水果店，来给我帮忙，在路上碰见的时候他们也会很亲切地跟我打招呼。我觉得，文传系是一个懂得传承和感恩的大家庭，当初选择进入文传系，是基于自己的分数和兴趣，而现在看来，进入文传系却是我最幸运的选择。”

创业，是不悔的选择

周芝性格开朗，身边的人每天都能听见她爽朗的笑声，这样一个女孩儿，在大学期间和班上的每一位同学都很要好，大家说如果她进入社会，在单位上也一定很讨人喜欢，所以当她毕业之后直接选择了创业时，着实把大家都吓了一跳。周芝却认为这是性格决定的，自己喜欢自由，做事洒脱，不愿被束缚，所以就选择了创业。

我看着周芝水果店中络绎不绝的顾客和收银机前排起的长队，忍不住向她打听在创业过程中遇到的令她印象深刻的事。问题刚落，几乎是同一秒，周芝就开口道：“第一次去进货那次。”在周芝的讲述中，我渐渐地理清了事情的脉络。当时，周芝刚刚回到锦城学院开水果店，出于商人的本能，周芝希望降低成本，追求更大的利润，所以在当时的水果批发市场，她没有选择在固定摊位上拿货，而是选择了在价格相对较低的大货车上拿货。拆开一箱一箱的水果检查时，周芝看到了一个个新鲜饱满的水果，她很开心，兴冲冲地把水果拉回店铺。可是，当把水果一个个拿出来放到货架上时，周芝却傻了眼。除了第一层水果外，下面的都已经坏掉甚至开始腐烂。“我记得那天天气挺好的，可是在那一刻我觉得整个天都黑了。”周芝马上带着一箱箱水果去早上进货的水果批发市场，准备找货主理论，可是到水果市场之后，大货车已经不见踪影。“我就呆呆地在那一箱箱水果上坐了很久，明白了以后不能贪这些蝇头小利，也明白了防人之心不可无。那是我第一次知道这世上还是人心险恶，可越是这样，我就越要坚持自己的原则，我不能沦为像他们那样的人。不管我受到什么样的对待，我还是要以一颗善良的心来对待这个世界。”周芝脸上的微笑淡定而从容，也许就是因为有着这样一份信念，不管是在什么季节，什么天气，周芝的店铺里总是有满满的顾客，小小的店铺经常会被围得水泄不通。

讲起在创业过程中受到的挫折和遇到的困难时，周芝却是如此淡然。我不禁好奇，在经历了这么多困难之后，难道就没有想过放弃吗？周芝坚定地回答说：“迷茫过，但是不会选择放弃。虽然在很多人看来，我这一路走得很艰辛，甚至身边也会有人劝我放弃，让我去找一份安安稳稳的工作，每个月拿着固定的工资，这样也能让自己轻松一点。我承认，这样的方式对一个女人来说不失为一种美好的选择，但是我不愿意，从创业那一刻开始我就告诉自己，选择了一件事就一定要做下去，因为我相信，别人能够做好的事情，我也能够做好，甚至我能做得比他们更好。”周芝说，她在这几年的创业过程中也是收获满满，不仅收获了成功的喜悦，而且还收获了很多朋友甚至是知己，更能够通过自己的努力让父母和孩子过上更好的生活。创业虽然辛苦，但也值得。现在周芝的店铺在不断地进行调整升级，经营的范围也在慢慢扩大，水果种类也越来越齐全。店铺里除了有三名专职的店员之外，也给锦城学院的学生提供了一些校内勤工俭学的机会。周芝坦言，现在的经营确实带给了她不错的收入，能够让她过上更好的生活。

我晚上跑完步后经常路过周芝的店铺，大部分时间她都在忙碌着。在我早起上课时，周芝的店铺就已经开门了。披星戴月归去，头顶朝阳而来是对周芝最好的写照。在问及事业与家庭有没有发生过冲突时，一向开朗的周芝竟然沉默了许久，哽咽了一下，之后缓缓开口说道："我的儿子还很小，他经常会问我，'妈妈，你什么时候能够不上班，什么时候能来接我放学？我们班的小朋友都是爸爸妈妈接送的，只有我是爷爷奶奶'，我每每都会被儿子的这些问题问得哑口无言，我总有作为母亲的愧疚。在我儿子出生几个月的时候，我就已经出来闯荡了。陪伴儿子的时间少之又少，我回家的时候他已经进入梦乡，他醒来的时候我就已经出门了，甚至有时候很多天他都不能看见我，儿子两岁就上了幼儿园的中班，周末也会去上一些培训班，不是我想要他多掌握更多的技能和提高某方面的能力，只是因为在培训班里，老师能够照顾好他，不会让他没有人管；培训班里的那些小朋友们也会和他一起玩耍，不会让他觉得孤单。不过无论我怎样补偿，想什么样的办法，对儿子我始终是有亏欠的。"周芝吸了吸鼻子，深深地叹了一口气继续说道："好在现在儿子稍稍长大了一些，他懂得妈妈的辛苦，我也会尽量早点回家。他有时候还会爬到我的身上，用他小小的拳头给我捶捶肩膀。看着儿子稚嫩的笑脸，我会觉得这一天再苦再累都是值得的。如果我回家他已经睡了，我会在他的床边坐上一会儿，替他掖掖被子，希望他在梦乡中能够感受到妈妈的爱。周末我也会尽量休息，陪伴他或者是带他来铺子里，这样也可以多一点陪伴。"

虽然创业过程艰辛，不能尽一个作为妻子、作为母亲、作为女儿的责任，但是周芝依然不后悔选择创业。“我很感谢我的父母，他们帮我带孩子、料理家务，为我解除了后顾之忧。当然我更感谢我的老公，我脾气不算好，有时脾气更是来得莫名其妙，但是无论我怎样发火，怎样任性，老公一直都选择包容我，做我的好帮手和坚强的后盾。”周芝望向收银台方向正在不停地给客人结账的老公，露出了一个已婚女人特有的迷人笑容。

“选择创业这么多年，我从来没有后悔过，我觉得这是我现阶段最好的选择，我也会继续坚持下去。”周芝转头冲我一笑，眼神坚决笃定。

未来，无限选择

创业已过五载，周芝尝试过做餐厅、做茶楼，进入过不同的领域，虽然困难重重，但她在创业这条路上一直奋勇向前。谈及未来的发展时，周芝表示自己十年内仍然会坚持现在的选择。“锦城学院和文学与传媒系养育了我，我还是想留在学校，见证学校的发展，同时也能够及时地参与学校的各项活动，为母校的发展贡献出我自己的力量。我还年轻，未来对于我来说有无限的选择，但是我相信不管我怎样选择，我都不会忘记自己的初衷，我也不会做出让自己后悔的选择。可能我更希望能够多抽空来陪陪儿子，作为母亲，我不想缺席他的成长。”

采访快要结束了，时钟也指向了下午一点，周芝在接受采访的过程中没有一刻停下过手中的工作，满满一桌的果盘摆在眼前，它们和我一同见证了周芝学姐坚强、踏实的创业精神。

针对当代越来越多的大学生选择创业的现状，周芝给出了她的建议：“我觉得创业要踏实一点，不要好高骛远，一定要从头做起，这样才能积累更多的经验，在创业的过程中也一定要坚持自己的原则，先做人后做事，只有这样，你才能赢得更多人的尊重。”

在系主任毛建华教授眼里，她情商高，有眼光，尊敬师长乐于助人；

在2005级行政管理专业的同学们眼里，她开朗活泼，敢爱敢恨；

在老公眼里，她干练坚强，是让男人都会心生敬佩的女强人；

在店员眼里，她和蔼可亲，宽容大度，让他们永远都想跟随。

“我没有什么宏图大志，是一个容易满足的人，我只想脚踏实地地做好生活中的每一件小事，一步一步地成为更好的自己。”

这就是周芝，没有显赫的家世，没有耀眼的光环，孕育在四川大学锦城学院这片土地上，一点点骄傲的绽放。

尚好的青春都是你

——访 2007 级对外汉语专业
成都汉韵教育培训咨询公司项目经理陈瑶

执笔：2012 级新闻学专业尤子哲

指导老师：傅仕彬

2007 级对外汉语专业陈瑶

南风熏熏，草木青青，满地和暖的阳光，满天温柔的白云。三月，这个充满朝气的季节，我用来比作青春里最美的时光。年少时，我们都愿做追梦的少年，将希望的脚步踏遍繁花烂漫的春天。但是，并不是所有人都能和陈瑶一样，把青春献给自己钟爱的事业和执着的理想。

陈瑶，毕业于四川大学锦城学院文学与传媒系2007级对外汉语专业。2014年，陈瑶与她的团队创立了成都汉韵教育培训咨询有限责任公司，并担任项目经理一职。公司现有员工13人，截至2015年，输送了11名大学生到美国营地学校担任暑期助教工作，还培训、输送了70多名语文教师到泰国、韩国、新加坡等，同时接待了来华学习汉语的泰国大学生共计21人。

尚好的青春都是你，没有片刻不想你

如果说人生是一本书，那么大学生活便是书中最美丽的章节；如果说人生是一台戏，那么大学生活便是戏中最精彩的一幕；如果说人生是一次从降生到死亡的长途旅行，那么拥有大学生活的我们便可看到最灿烂的风景。

如今，已是陈瑶离开锦城校园的第5个年头了，可她对大学开学报到第一天的场景依旧记忆犹新。“那年初秋，当我第一次走进锦城校园时，内心充满了激动和期盼。因为这是我第一次离开父母的怀抱，踏上未知的征程。”陈瑶说道。那天，她拉着行李箱，看着从全国各地赶来报到的同学，看着洋溢在他们脸上的青春朝气，真切地感受到了那种对未来的期待与渴望。当被问起对母校锦城学院的印象时，第一个出现在陈瑶脑海里的词汇就是“特别”，特别的年轻、特别的校训、特别的“三练三创”、特别的农场文化、特别的一群同学，大学里的点点滴滴“特别”，都深深地印在陈瑶的脑海里。

陈瑶说，在学校里她最喜欢的一门课程是中国古代汉语。在陈瑶心中，梁洁老师所教授的中国古代汉语每一堂课都是一场视觉与听觉的盛宴。初到大学的她，深深地被梁老师的智慧和中国古代汉语的魅力所吸引。陈瑶如饥似渴地学习着这门课程，但是学得越多越能感受到自身的不足。因此，陈瑶以梁老师为榜样，努力阅读相关书籍，经常在课下与梁老师探讨问题，不断丰富自己的知识和培养独立思考问题的能力。

除了平时的学习，陈瑶还积极参加学校里的学生工作。

在学生自律委员会工作的经历是陈瑶大学生活中浓墨重彩的一笔。陈瑶道："那时候，自律委员会在学工部带领下积极开展各类活动，倡导自律自强。"大一下学期，陈瑶担任了自律委员会公共关系部部长一职，跟同学们积极筹备锦城学院第一届"寝室文化节"。经过不懈的努力，她成功地找到了赞助商，并为赞助商精心策划了一场走秀节目。"还记得那天晚上，报告厅里人声沸腾。随着音乐的响起，演出开始了。舞台上五颜六色的灯光随着音乐忽明忽暗，精彩的表演瞬间把观众带入了快乐的世界，赢得了阵阵掌声。"陈瑶兴奋地回忆道。大三时，虽然学习任务加重，但陈瑶并没有放弃学生工作，积极参加竞选并成功担任了自律委员会副主席一职，另外还加入了书法社团。陈瑶说："在大学期间很有必要参加 1～2 个学生组织，这样可以结交更多志同道合的朋友，同时也能让自己在实践中快速成长起来。"

谈到学生工作的经历，陈瑶顿了顿，说道："因为学生会的工作通常都是安排在中午或者晚自习之后的休息时间，这个时段其他同学都在休息或追剧或享受美食。然而我们一群学生会的"战友"们就在教室和食堂，讨论各个活动的策划与实施。对于陈瑶来说，在学生会的这段时光不仅让她收获了宝贵的经历，更是收获了金石般的友情。"这些朋友来自不同年级，不同系别，至今我们的'战友情'仍在，时不时大家聚一聚，聊一聊，惺惺相惜。"陈瑶幸福地说道。

为了提高自己的身体素质，陈瑶还坚持每天晚上夜跑。直到今天，无论白天的工作有多繁忙，她总是要抽出时间来跑步。“跑步对保持身心健康很有用，我想我现在之所以能面对繁忙的工作且身体坚挺依旧，应该归功于这十几年来的锻炼。”她说。

陈瑶的另一爱好便是阅读。说到这里，她眼睛一亮：“我特别喜欢图书馆，遗憾的是毕业那年新图书馆才投入使用。在新图书馆投入使用之前，老图书馆设在忠孝大楼的一至三层，至今我都还记得一楼是报刊类，二楼是文学类，三楼是理工类书籍。我几乎每天都会去图书馆的一、二楼阅读报纸杂志以及文学类图书。最后一次借书已经快毕业了，因为工作原因看得比较慢，都延期了，还交了滞纳金呢。”陈瑶笑道。在大学期间她特别喜欢看有关文学、自传、商业方面的书籍。现在因为工作，更多的是阅读管理类、创业类书籍。陈瑶说道：“三日不读书，智商输给猪。事实如此，现在因为经常出差的缘故，随身会携带电子阅读器，很是方便”。

在锦城学院，陈瑶度过的那段美丽时光，是她青春里最珍贵的记忆，更是她创业萌芽的地方。尚好的青春都是你，没有片刻不想你，我梦中的锦城。

尚好的青春都是你，再遥远，都跟随你

信念是人生征途中的一颗明星，既能在阳光下熠熠生辉，也能在黑夜里闪闪发光。

时光荏苒，毕业将至。大四的时候陈瑶在一家上市公司实习，做产品策划。毕业后的半年他也得到了职位的提升，但是当时年轻的陈瑶却并不开心。于是她开始思考，这难道就是自己所想要的吗？这难道就是自己的梦想吗？陈瑶害怕自己会变成温水里的青蛙，想结束浑浑噩噩的日子，于是她开始找寻突破的机会。就在这时，泰国王后的女子学校招募中文老

师，陈瑶便报名参加并成功通过面试。得到录取通知的消息后陈瑶非常地兴奋，一边是国内优越的工作生活条件，一边是多年来追逐的梦想，陈瑶毅然地决定去跟随自己内心的梦想。从这个机会降临到她出发去泰国一共只用了2周的时间（包括准备所有的材料），对于当时的陈瑶来说是冒险、是挑战。“但是我想青春就是这样，去做自己想做的事情，如果这件事最坏的结果你能接受，那就勇敢地去做吧。无论结果如何，至少你努力过，不会给你未来的人生带来遗憾。”陈瑶说道。

泰国的生活轻松惬意（除了学生调皮），她非常喜欢泰国的生活，这也是为什么回国后，一直在做跟泰国相关的事情。回想起在泰国的那段经历，陈瑶说，有太多太多让她感动和有趣的事情了。在泰国，有些中国同事在生活上对她颇为照顾，工作上也很支持，有的学生很可爱，也可以和来自各个国家的老师齐聚一堂欢乐。最感动的是离开学校的时候，学校办了一场盛大的欢送会（同时也有老师退休）。按照泰国传统，年长的老师坐在台上，年轻的老师手捧花环（泰式小花环），一一上前去表示尊重与祝福。这时，年长的老师会接下花环，回赠祝福以及礼物，整个过程非常温馨感人。

谈起对外汉语教学，陈瑶饶有兴致地说道：“其实除了耐心和用心外，更多的是要站在学生的角度去思考，怎样让他们理解，怎么样让他们能喜欢中文、喜欢汉字、喜欢说，让他们喜欢上这门语言，喜欢上这个老师，这才是他们学习的动力。所以我找学生们的兴趣点，然后把要教给他们的词汇结合起来。比如：我在女校，学生都是统一的校服鞋子和书包，然后我就发现她们特别喜欢我的鞋子。所以我们就用鞋子为主题，展开了一场‘我喜欢的鞋子’的话题，同学们要学会各种鞋子的中文说法。另外泰国学生的绘画功底都不错，所以她们的作业还要求旁边附上图画，用汉字和拼音标注。对于这些活动，学生们的热情很高，作业都完成得特别好，同时也能有效地将词汇运用到生活中。”

作为一个女孩子，陈瑶第一次只身一人出国工作生活，并在那待了将近一年时间，这是需要很大的勇气和坚定的信念。“现在回想起来，对于第一次出国工作，当时没有过高的期盼，因为我给自己的要求就是锻炼自己。去之前也曾想过条件会比较艰苦，正如我之前说的是做了承受最坏结果的打算，所以一旦下了决心也就没什么可担心的了。”陈瑶说道，“在外工作生活，想家是避免不了的。当跟着接机的老师走出机场，一股热流涌上来，我才突然感觉到我来到了和家里完全不同的地方，一个陌生的城市。老师们带着我去吃第一顿饭时，菜我竟然没法吃下去，我只觉得米饭很好。我想以后我自己可以做菜，没有担心，没有矫情，就是坦然地接受这一切，因为这是我自己的选择。到了那边两周后，我提议给大家做一顿火锅，用的是妈妈亲手做的辣椒酱，刚吃了第一口眼泪就在眼眶里打转。我很想家，这是每一个异乡人都要克服的。而我的方法是提醒自己：我来是做什么的，我来的目的是什么，大概时长是多少。每天我都会跟自己说，珍惜每一个当下，用尽全力去做你想做的，让自己处于享受每一个当下的心境里，自然一切都会好起来。”

去泰国最大的感受是外国学生的开朗，活泼。他们非常尊重老师，但是同时也能够跟老师像朋友一样相处。“他们的动手能力特别强，各种活动他们都是全身心地投入。例如运动会，他们会排练很多次。不论是什么活动或作业，认真对待的程度不亚于我们对待高考，并且她们会很开心地将自己的时间和精力投入到老师安排的每一件事情上。”

还没有真正做这份工作前，陈瑶认为对外汉语教学应该是一件简单的事。而在泰国亲身经历后，方知其实不然。她认为大多数中文老师都只能算是口语老师。而真正优秀的对外汉语教师，必须要有扎实的现代汉语基础（语音、语法），还要非常了解中国传统文化、历史知识、人文以及各地风俗等，这些都是必备的基本条件，因为学生会对这些非常感兴趣，时常会有各种问题。另外，会一些中国传统文化特长能有助于教学，例如毛笔字、太极拳、国画、剪纸等。

在泰国的这段时光陈瑶是开心的，因为这是梦想成真的快乐，也是创业起航的开始。追随能够改变自己命运的那颗星，当它在面前闪耀时，要抓住这宝贵的机会。只要坚持不懈，最终的目标总能实现。

风，再疾再狂我也不放弃

回国后短暂的银行从业经历更加让陈瑶确认了自己今后的发展方向，她决定仍然做自己钟爱的教育事业。随后陈瑶加入了北京的一个国际教育集团，成为成都分公司的项目负责人，这段经历开启了陈瑶从事国际教育的大门。这期间，陈瑶通过不断地学习，不断的地积累经验，深入地了解了运作国际教育项目的流程，为后期的创业奠定了扎实的基础。

2014 年，汉韵教育培训咨询公司在陈瑶和朋友们的努力下成立了，并且成为了中泰教育文化交流协会中国办事处，还邀请到了四川各高校的领导齐聚一堂，举行了新闻发布会。公司的核心竞争力在泰国，因此大部分汉语教师是在泰国基础教育部旗下的公立中小学任职。当然公司同时拓展了和美方营地学校的合作，2015 年期间输送了 11 名大学生到美国营地学校担任暑期助教工作。同时接待了 21 位来华学习汉语的泰国大学生。

同境外的教育部门、学校或者机构的合作，基本是在陈瑶的带领下和另外一名同事来完成的。其中让陈瑶最有成就感的就是为新加坡国际学校曼谷分校输出了 7 名汉语教师。这所学校以选用新加坡教材、教学体系以及中文教学质量著称，常年获得泰国各大中文比赛大奖。与此同时，教师待遇非常优厚，对老师要求也异常严格。因为陈瑶在泰国工作期间该校校长非常信任与赏识她，加之陈瑶多次与学校沟通项目操作事宜，所以自然而然地达成了合作，并邀请校长来成都面试老师。此次参加面试共有 12 人，最终选定 7 名老师。这 7 名老师里面有一位是锦城学院的学生。

谈起成立公司的初衷，陈瑶道："我们是 2011 年毕业的，毕业时发现根本找不到出口，某同学得知了一个赴泰当汉语教师的机会，同学们纷纷加入。但是各家机构的操作方式各不相同，因此，从泰国回来后有这样的机会就想自己尝试去做，而最大的心愿却是带给更多有出国做中文教师想法的同学更多更好的机会和服务。"

刚刚开始创业时，最大的困难是看不到希望。资金、市场、团队，每一块都是问题。就在陈瑶感到最困惑的时候，学院得知了陈瑶创业的想法。文传系系主任毛建华、学生科科长曾瑜、校团委书记苏斌等都给予了各方面的支持和关爱，这让陈瑶非常感动。同时，创业的信念在她心中更加坚定。在成立中泰教育文化交流协会中国办事处时，锦城学院的老师纷纷抽空前来支持。当合作项目回到母校时，学院和系上在宣传方面给予了大量的支持。母校给予的帮助，陈瑶都铭记在心，对她来说，只有做更多有利于母校的事，才能回报母校对她的关爱。

说起当时的创业伙伴，陈瑶打趣地说道："都说选合伙人跟选伴侣一样，要慎重。我认为自己一直都是幸运的人，遇到的人志同道合，我们是朋友，更是战友。我们的合作是基于真诚、信任、相互支持以及包容。在创业时争执肯定是有的，例如发展方向的规划统一、项目的设定、人员的流动等方面。"这也让陈瑶想起当初在学院参与学生工作的情景，如果没有讨论，没有自己的意见就没有今天公司所创造的成绩。

然而，并不是所有事情都是一帆风顺的。2015 年，全国经济形势不景气，对于中小型公司来说，想办法生存下去成了迫在眉睫的事。此时，公司与国外学校的合作项目还未完全成熟，合伙人又突然生病，加上团队不稳定、资金周转困难等因素，让陈瑶觉得这一年格外艰难。2015 年也的确是公司最困难时期，合伙人提出退出，在从多方面考虑并且征得所有人同意之后，陈瑶带着团队选择与另一家国际教育公司合并，这期间大家都非常难过。

合并后，公司保留优势项目，与更多地区、国家合作，业务也拓展到中小学的海外交流活动，并且与英国、澳大利亚、新加坡等教育部门及学校签订相关合作协议。

“我们学校有很多校友创业，有牛人大咖的光芒万丈，也有在黑夜中默默探索的无名者；有的已经开始品尝胜利的果实，也有的在这个过程中失意放弃。创业不仅仅意味着财务的自由，也不仅仅意味着光鲜亮丽的名头，它是艰苦与自我升华的代名词。同时，创业不等于逃避就业，创业没有假期，没有固定薪酬，没有抱怨的理由，同时又要担负更多的责任。希望更多的学弟学妹选择创业是基于理智的前提。”陈瑶语重心长地说道。

既然人生的风帆已经扬起，就注定要驶向波涛汹涌的大海，去验证青春的信念；既然人生道路没有注定，就要勇往直前地跋涉，去验证青春的坚韧；既然过去不堪回首，那就重整旗鼓努力付出，去诠释青春的无悔。

尚好的青春都是你：我的母校，我的梦想和我的坎坷。

远方精彩，不忘初心

——访 2007 级汉语言文学专业“汉堡小猫正品代购店”店主王晓梅

执笔：2014 级汉语言文学专业周燕红

指导老师：秦蓁

> 关于人生，别人总指点得太多。而我要的，是一份可以退守的幸福，是一个可以奋斗的梦想和一份可以回望的事业！
>
> ——王晓梅

2007 级汉语言文学专业王晓梅

初入社会，从桀骜不驯的活力少女到沉稳大气、独当一面的政界精英，同时发展副业，成功地做起了微商，这是王晓梅从校园到职场所经历的蜕变与成长。从懵懂少女到社会人才再到美丽人妻，最后成为幸福母亲，这是王晓梅次次华丽的转身，也是她人生经历不断丰富的过程。

王晓梅是文学与传媒系2007级汉语言文学专业的毕业生，现在是雅安市医疗保险管理局办公室副主任，后来又开始做起了微商，开起了淘宝店，现在已经是一个多面能手，更是一位典型的爱情事业双丰收的代表。

作为一位事业成功的女性，王晓梅的工作履历就是一部传奇的奋斗史。作为一个刚毕业不久的女生，走出校园后的第一步就顺利地考上了公务员。成为公务员后，王晓梅通过自己的努力和成绩，不断地证明自己的能力和价值。由于认真工作，业绩突出，她不断被领导提拔，最后成为了年轻的办公室副主任。

当然，王晓梅还是一位有着幸福家庭的小女人，在兼顾事业的同时不忘追求人生的幸福。

一个有智慧的女孩从来不会局限在一片天地中，所以王晓梅也从来没有安于现状，而是积极地寻找新的风景，踏上新的征程。在孩子出生以后，王晓梅突然从自己孩子的奶粉中发现了商机。她首先发现了中国父母的心理——给孩子喝放心的奶粉，然后就充分利用自己在国外的关系开启了新潮的微商代购。因为诚信，王晓梅将自己的副业——微商代购做得风生水起。开始，只有她身边的同事是客源，在经过口口相传之后，客户变成了朋友的朋友、同事的朋友，而她，最后也成了一位顾客群稳定而庞大的代购达人。用王晓梅的话说就是“虽然不能说客户遍布全国，但也算得上庞大了”。

文传学子的风骨神韵

王晓梅是2011年毕业的，目前已离开学校在职场中拼搏了四五年。四五年的时间可以改变很多，辅导员曾瑜老师记忆中的那个带着浓重雅安口音的青涩女孩，现在已经是一个孩子的妈妈了；当年班上那个活跃的文艺分子，现在已经是沉稳大气的政府官员了。

王晓梅非常乐意与学弟学妹分享自己的人生感悟与心路历程。通过与王晓梅的谈话，我感受到了文传学子的风骨神韵。第一次见面，我就感觉到王晓梅是一个很有涵养又不失纯真，且极具文人气息的人。她喜欢电影《特洛伊》，对于这部“繁华落尽迷人眼，深情不忘落尘埃”的电影，王晓梅喜欢它浓厚的历史神话色彩、唯美惊心的画面和震撼心灵的恢宏气势。王晓梅说自己喜欢的书籍是《边城》，她很欣赏沈老先生那份现代人普遍缺少的返璞归真，那份遗世独立。现代不缺浮躁之人，社会也不缺崇名拜利的人，独独少了一些喜欢安静、喜欢纯朴的人。从所爱的书籍和电影来看，王晓梅确实让人不得不感叹，这果然是我们文传系走出的人，始终有对于美好的期待和向往。

感恩母校不言悔

谈到大学时代，王晓梅可以说印象深刻，所有事情就像是昨天发生的一样。当初来到学校，第一印象就很不错，觉得这所学校很漂亮，自然环境和绿化等各方面做得很好，虽然当时的一些设施还不像现在这样完善，但是曲径通幽的校园环境还是让她觉得美好清净。

王晓梅作为文传学子，对于文传系当然是具有发言权的。“当时你接触文传系后，最大的感受是什么?”我问道。她思考良久后回答说：“文传系是一个充满人文精神并且让人终生受益的地方，处处充满着浓郁的文学色彩，同时也有着与时俱进的五彩斑斓，让人受益匪浅。”没有恭维的言辞，没有虚假的夸奖，王晓梅用最真诚的语言来表达对文传系的感受。王晓梅回忆道，系主任毛建华教授带领的一群有着深厚文学修养和无限爱心的老师们共同打造了一个有底蕴、有温暖、有创新的文学与传媒系，真正做到了“博学于文，奋斗于传”。

王晓梅在校期间就已经展现出了过人的办事能力。她是一个独立而且聪明的女生，所以在家庭和事业成功的时候，王晓梅仍然没有忘记刷新自我，去开辟另一番天地。一个人的目标要通过慢慢地寻找才能明确，这一路上不能缺少帮助你明确目标的引路人。王晓梅也不例外，她的恩师和引路人是陈思广老师。陈思广老师知识渊博又耐心热情，他教会了王晓梅专业知识，也教会了她怎样寻找人生目标和人生方向。对于这位老师，王晓梅怀有深深的感恩之情。

一个学校、一个院系在送别自己的学子时总要赠予他们一些东西作傍身之物，就像送子远行的母亲总要给孩子备下点御寒的衣物。锦城学院文传系将动脑和动手的能力以及创新创业的技能作为礼物赠予踏入社会的学子。这是一份无比珍贵的礼物，足以支撑他们走向成功并且终身受益。

创业之路由爱而始

谈到创业的话题，我问王晓梅当初选择做微商是出于怎样的初衷。王晓梅说，她的初衷很简单，就是为了自己的宝宝。作为一位母亲，王晓梅和所有母亲一样，都希望给自己孩子最好的。当时王晓梅为了孩子的奶粉问题没少费心思，想到自己有亲戚和朋友在国外，所以这个商机被她发现了。

一方面为了给宝宝更好的奶粉和营养，另一方面又想做一些副业来充实自己。所以王晓梅就选择了代购海外婴儿奶粉，做起了一位微商。到了现在，经过三四年的时间王晓梅的微商做得也是红红火火。因为同事和朋友们都信任王晓梅，所以她推荐的奶粉和食品以及各类化妆品都会让同事和朋友们争相选购。

王晓梅代购的婴幼儿奶粉品牌很多，如爱他美、喜宝、牛栏等，凡是德国、荷兰、澳洲本土的奶粉都可以在她那里买到。之后，她又开始代购化妆品。代购的东西越来越多，王晓梅的客户群也越来越庞大，也让她的代购之路越来越宽，销售量越来越高，越来越多的人选择王晓梅的推荐，这使得王晓梅的人脉圈子也越扩越大。

王晓梅说因为一开始不是出于赚取利润而开始代购的，所以她的朋友们都更信任她，也就更加愿意帮着她宣传和推广了。这份独到的眼光和精明的想法，让王晓梅充分利用了自己的资源，将自己的代购事业发展得红红火火。后来，王晓梅还开起了淘宝店。

百年锦城已经起航

一个人的成功与否是看他是否能够独立思考，是否能够不断刷新自我、不断创造，一个学校办学的成功与否则是看社会是否接纳和认可它所培养出来的人才。王晓梅在毕业当年就进入政府机构工作，一个年轻的大学生短短几年时间已经升任办公室副主任，这不正是社会对王晓梅的认可吗？在事业已经稳定之后她又开始加入创业大军，这不正是王晓梅敢于创新、乐于创新的表现吗？这不正是对锦城学院办学能力的肯定吗？提到自己被社会认可的能力，王晓梅不忘学校和文传系的栽培。当被问到对学校和文传系人才培养模式的评价时，王晓梅表露出的是满满的感谢。王晓梅说锦城学院和系上“一个标准”的应用型人才培养模式对她就业以及现在的微商创业有很大的帮助。她告诉我："汉语言文学专业知识的学习，极大地提高了我的写作能力、表达能力等综合素质。并且我们学校又注重学生的动手能力和参与能力，这对学生们进入社会后的人际交往有很大的帮助。"听到这里，我就不得不提到王晓梅口中最大的功臣——应用型人才培养模式"一个标准"。"一个标准"的具体要求就是"做人第一，能力至上"。从王晓梅的事迹来看，这个标准的确是基于社会现实而制定的。

社会上的用人单位认为大学生缺乏真正的动手能力，科学教研界又认为大学生缺少创新思维和创造精神。在锦城学院，不管是邹院长还是毛主任，都极力强调"做人第一，能力至上"，而学校倡导和实施的人才计划中所谓的做人，就是"三讲（讲诚信、讲礼仪、讲感恩）、三心（对国家人民尽忠心、对父母长辈尽孝心、对同学同事尽爱心）、三道（做人要地道、做事要厚道、处事要公道）"，能力培养方面是"三商（智商、情商、行商）、三会（会动脑筋、会动口、会动手）、两双（双语交流、双证培养）、两强（在动手能力上强于研究型大学的毕业生，在理论基础知识上强于高职学院的毕业生）"，这些要求就是要培养德才兼备、经世致用的应用型人才。刚好弥补了现在社会舆论认为的中国多数大学生存在着的三大缺失，所以依照这种人才培养模式培养出来的人必然是社会需要的人才。

锦城学院还建立了被四川省教育厅列入教改项目的学生数字化学习平台，要求学生学会如何在网上学习和完成作业。虽然学校成立的时间不长，可就是因为年轻，我们才要拼命前进；就是因为年轻，我们才有无限创新的冲劲。如今锦城学院的名气还不够大，所以它正在培养着一批又一批的创新型人才，让他们站在社会的大舞台上替锦城学院发声。

文传助力出奇迹

后来在与王晓梅的聊天中，她多次提到的一点就是，文传系对于专业知识的教授和创新思维的培养对她的帮助很大。她说，以前在学校能经常听到毛建华教授强调“锦城课堂大于天”，因为文传系的课堂除了讲授专业知识外，还要培养学生创新的能力。为了给学生提供最好的师资，学校和毛建华教授都使出了浑身解数，高薪聘请最优秀的老师，甚至动用了各方人脉请来一些超级大牌的学术牛人和业界精英。比如学术带头人冯宪光教授，他不仅是博士生导师，也是教育部重大攻关项目“当代西方文学思潮评析”的首席专家。在王晓梅的记忆中，文传系上不仅有这些教育界的牛人，还有一位相当优秀的业界精英，那就是石本秀教授。石本秀教授既是文传系上的教授，也是教材《新媒体研究理论与实务》的主编，并且兼任着四川省好新闻评委、四川省广播影视教育学会新媒体教学指导委员会主任委员等职务。拥有这样一群有着渊博知识又有着丰富人生经历的老师，王晓梅在事业稳定之后会毅然决定创业，也就不足为怪了。

寄语母校

当被问到“你最想对学弟学妹们说些什么”这个问题时，王晓梅说希望学弟学妹们在扎实学习专业知识的同时，要多参加社会实践和集体活动，全面提升自身素质，为今后的创业和就业打下坚实基础。王晓梅还说扎实的专业知识能让你在你的领域内拥有发出自己声音的最基本条件，而与人相处的能力及团队协作能力则决定了你能走多远。确实，王晓梅提到的这两点恰好和锦城学院的人才培养目标是一致的，就是既要会做事，更要会做人。

十年风雨兼程，十年荣耀辉煌。从 2005 年到 2015 年，锦城学院用十年时间打造了属于自己的辉煌，充满朝气和斗志的锦城学院在前行的路上从未止步，锦城学院的学子在人生奋斗的路上也一直向前。在这条奋进的路上，锦城人一直以“止于至善”的校训严格要求自己，走出了一条属于锦城学院的康庄大道。

荷出碧水，香远益清

——访 2008 级汉语言文学专业“菡时光”淘宝店店主蒋卉

执笔：2014 级汉语言文学专业王雨露

指导老师：杨骊

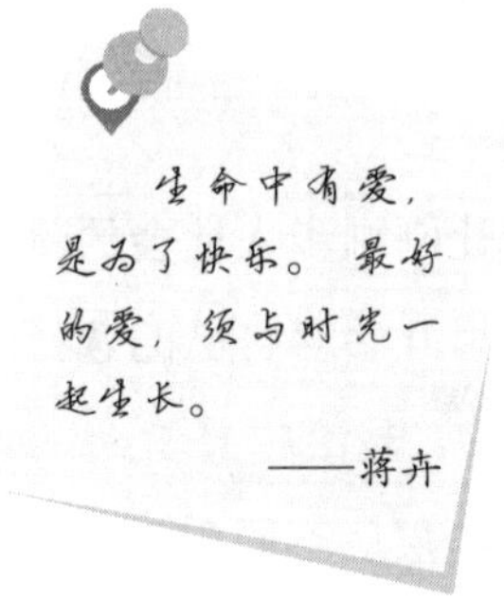

2008 级汉语言文学专业蒋卉

2012 年 9 月，马云在第九届“全球网商大会”发表闭幕演说时表示“小而美”是未来电子商务的方向。自此，“小而美”作为一个电商新概念被正式提出。

关于“小而美”，它可以是经营方式和理念的创新，可以是为满足某个群体认同的需求，也可以是经营者自身个性化的诠释……总之，在“全民创业”的浪潮之下，“小而美”因其差异化竞争的独特魅力被马云预测成为“未来电子商务的方向”。

淘宝小店“菡时光”便是这样一个“小而美”的存在。

简洁雅致的店面装修、饱含禅意的日常物件、周到体贴的客服，一个淘宝小店，却是修身养性的好去处。

叶点池

“菡时光”是由两位笔名中都有“菡”字的姑娘一同创立的，她们在大学相识，既同专业，又同寝室。发起人沐菡的真名叫蒋卉，另一位笔名为歆菡的女生真名叫易桐。她们同是四川大学锦城学院文学与传媒系2008级汉语言文学专业的毕业生。今天的主人公，是这个叫蒋卉的姑娘。

蒋卉是安徽人，2012年6月大学毕业后回到家乡，10月进入电视台工作，成为一名记者。

单凭“电视台”“记者”这两个词，便足以让刚刚步入社会的蒋卉得到周遭人的羡慕。但随着工作的深入，蒋卉的心里开始对自己的选择产生质疑，这份质疑幻化成一个雪球，随着时间的推移，越滚越大。

2014年5月，蒋卉通过走访询问，对不同年龄层、不同职业的人做了关于看不看电视、看电视频率以及关注的电视节目等诸多问题的调查之后，2014年7月，她辞职了。

这个决定让身边很多人不解，连她的上司都说：“你知道这个职位有多少人想进来吗？你却说要辞职。”大家都觉得，有一份稳定的工作，只要做好自己的本分，其他事情不需要费太多心思。蒋卉的家人也并不支持她辞职的决定，在他们看来，电视台记者是一份很好的工作，他们不明白蒋卉为什么会辞职，这样的决定看上去就是自己在找罪受。而蒋卉自己却觉得，只有身在其中，才知道是否真正适合自己。

“现在很多人都觉得体制内会很稳定，但是却真的像一个围城，里面的人想出去，外面的人想进来。别人只看到你光鲜地出现在屏幕上，却无从知晓你的真实感受。所以我觉得那份工作并不适合我。”现在回忆起来，蒋卉觉得，第一份工作让自己不满意，也有很多自己初入社会不够成熟的因素。但真正让她下定决心辞职的，是她切身感受到了互联网对于传统媒体的冲击。蒋卉说：“与其被动地等待被淘汰，倒不如我主动出来。”

辞职后的蒋卉进入了一个迷茫期，她找过其他工作，参加过公务员考试，也想过回到学校考研，但总觉得这些选择有些勉强。直到 2014 年 11 月初，她的闺蜜、大学室友易桐给她寄来了一块自己做的手工皂。易桐从中学时代便喜欢手工，大学毕业之后偶尔也会做一些日常物品，因为她觉得市面上的洗面奶和手工皂不能满足她的需求。这两年来，蒋卉一直在使用易桐制作的手工冷制皂，觉得效果特别好，这让她的心里萌生了一个想开店的念头。而当她把这个念头说给易桐听的时候，两人一拍即合。

纯手工冷制皂的制作周期需要一个半到两个月，经过筹备制作，2015 年 1 月，蒋卉收到了易桐发来的第一批纯手工冷制皂。但她并没有卖，而是精心设计了包装，自己撰写了介绍说明，将这一批手工皂分发给自己的亲人和朋友，接下来的一个月，她一一询问了所有人的试用效果和体验，收到的反馈让她欣喜。与此同时，淘宝店铺和微信公众号的申请也通过了。

经过一个月的店铺装修、产品拍照、文案写作等一系列筹备，淘宝店铺“菡时光”终于在 2015 年 3 月 5 日元宵节当天开始正式运营，微信公众号“菡書”也推送了第一篇原创文章。蒋卉和易桐也开始成为了大家口中的“菡姑娘”。

尖尖角

蒋卉说，虽然一开始便做好了“创业维艰”的准备，但实际操作的困难还是大大超出了她们的想象。最难的是在这条路上得不到任何人的指点。没有人会告诉你货源该怎么找、文案该怎么写、店铺该怎么打造。学校里也没教在运单量不大的情况下，该怎么与快递公司谈价格以及遇到客人特别难缠时该如何应对。并且客人对她的态度与她之前作为记者出去采访时完全不同，这些都需要她自己去慢慢摸索。

对“菡时光”而言，还有个无法跨越的问题，那就是蒋卉和易桐并不在同一个城市生活。蒋卉在安徽合肥，易桐在四川成都。当两人需要商量店里的事务时，只能依靠互联网。此外，与蒋卉不同的是，易桐在一家公司做行政，白天需要上班，只有晚上和周末才能进行手工制作。这大大限制了“菡时光”的发展速度。

创业之初需要投资，蒋卉和易桐仅仅工作了两年，并无太多积蓄。加上蒋卉家里人对于她辞去电视台工作、出来创业的行为本不理解，所以在经济上很难得到家人的支持。这些压力都压在了两位24岁的姑娘身上。为了节约快递成本，蒋卉一家家地给快递公司打电话，甚至蹲守在小区每日收发快递的地方，一有快递员来便上前询问，最后终于谈妥了一家。为了节省资金，加之蒋卉坚持淘宝店铺是门面，所以两位姑娘放弃了直接花钱套用淘宝装修模板，自己设计版面、拍照、修图、写文案等，一张图不满意修到满意为止，一句话不能很好地表达意思就改到能表达为止。一次次地熬夜，换来了如今“菡时光”清新雅致的店铺风格，甚至有其他淘宝店主由于太喜欢，都来自找到蒋卉询问制作方法。在蒋卉将店面制作方法详细告知他们后，这些淘宝店主竟成了“菡时光”的忠实客户，还帮忙宣传

“菡时光”。

从小花钱大手大脚的蒋卉因为“菡时光”变得勤俭节约，不过她看得很开，说：“有压力，其实成长得更快一些。人呐，不被逼一下永远不知道自己的潜能。我现在遇事儿，第一反应是挽起袖子就做，不磨叽，因为磨叽也没用，又不会有人来帮你做。拖延症治好了，这也是意外收获。”

虽然在资金的压力下，她和易桐凡事都亲力亲为，但难能可贵的是，她们对于产品的制作却不遗余力。所有的原材料均按最好的来，制作时间也是以保证产品质量为前提。

拿“菡制皂”（菡家制作的纯手工冷制皂）为例，现在市场上有不少手工皂，大多数都添加了皂基。添加皂基的手工皂从制作到使用只需几天时间，但在使用后会令皮肤干燥，而不添加皂基的冷制皂使用起来温和舒适。“菡制皂”为了保证纯天然，采用自然通风，待手工皂完全成熟后才上架销售。“菡制皂”在原料上也是选择最好的，每批手工皂成熟后，两位菡姑娘会先行试用。蒋卉说，她有一个理念，那就是凡是在“菡时光”上架的产品，一定是符合她和易桐审美并且经过亲身尝试后觉得好的。

因为这份用心和认真，“菡时光”自开店以来就没有收到过差评，保持着淘宝平台上难得的100%好评。蒋卉说，其实更难得的是“菡时光”让她们自己变得更好。

小荷举

质量上乘的产品、细致用心的店主、良好的口碑，这些因素让“菡时光”在众多同类型淘宝中闪闪发光。经过一段时间的经营，“菡时光”已经有了一些固定的客人。仅仅三个多月的时间，蒋卉和易桐就收回了成本，而且还有所盈余。面对日益自信的两人，蒋卉家里人对这件事的态度终于有了松动。

蒋卉的父母都是普通的职工，更希望女儿过上稳定的生活，不要操劳，然而时间久了，蒋卉的妈妈成了微信公众号“菡書”的忠实读者，她觉得女儿每周的写作是个非常好的习惯，于是态度渐渐有了转变。易桐的父母则会每周转发推送的文章，易爸爸还在公众号的评论区留言，祝“菡时光”健康发展。

蒋卉说，一个人活在世上，也许会从事很多项工作、遇见很多个人，但做最好的工作和做最好的人，一定是能让你成为更好的自己。

在经营“菡时光”的时间里，蒋卉改变了许多。从前的她急躁、好强，可她渐渐发现急躁并不能解决问题，好强也无法取得胜利。她开始明白她需要的是理性的思维和果敢的判断，而非混乱的思绪以及敏感的神经。为了能更好地体验到生活的乐趣，她不再沉溺于城市的便捷和娱乐，她会在闲暇时回到山里，感受自然造物之神奇。

游山玩水间，取材于自然，蒋卉越来越崇尚自然，她在一篇文章中写道:“我想把【菡时光】的发展打造成一片生态系统，就像一棵树，把根扎进土里，接受阳光和雨露，哪怕是在荒漠或寒冬中野蛮生长，也远远好过温室暖棚里的繁花似锦。”

自然予以蒋卉的启发，还有琥珀蜜蜡。起初，她只是自己喜欢，喜欢蜜蜡的温柔色泽。后来她发现，蜜蜡不仅仅是一种天然的植物化石，而且还能在方寸之间让时光停驻，刹那永恒，它凝结着千万年里的生物能量，蕴含了无数神奇的传说。在蒋卉眼中，它是满含人类情感的结晶，内敛幽深，静气安神。

虽然对蜜蜡很向往，但市场上高昂的价格却让她望而却步。不过机会是留给有准备的人的。2015 年 6 月，蒋卉的一个好朋友竟做起了蜜蜡生意，一手货源，国外进口原石，这让她有机会近距离地去学习关于蜜蜡的知识。如今，蒋卉能自信地说："见过天然蜜蜡的纹路，摸过天然蜜蜡的质感，现在的我一眼就能认出假货来，好东西放在手里是有感知的。"

2015 年 8 月，"莲心饰品"板块在"菡时光"上架，主营纯天然无优化琥珀蜜蜡，蒋卉笃定地认为，饰品并非生活必需品，但她希望饰品在装点人们的同时也要充满灵气，仿佛拥有生命，耐得住时光荏苒，能感知、会陪伴。

天然造物、独一无二，世界上不存在两块一模一样的天然的蜜蜡。8 月份，蒋卉遇到了这样一位客人。有个姑娘看上一块蜜蜡吊坠，前来询问能否便宜些。因为成本原因，蒋卉婉拒了对方的要求。过了几天，这位姑娘实在对那块蜜蜡念念不忘，再度来寻，可那块蜜蜡却已被别人的客人买走，姑娘十分失落。为了安抚姑娘，蒋卉劝她随缘，并再为她挑了一款，幸得她满意。这让突然领悟了一个道理，即世间偶然的相遇是缘，你敬我一点、我敬你一点便是份，尽人事、听天命，生智慧不生烦恼。只要想通了这一点，蒋卉便越来越平和、越来越心安。

这样的心态影响着蒋卉的生活方式，其中也包括了对"菡时光"的态度。

互联网改变了人们的购物习惯，微信朋友圈充斥着铺天盖地的小广告，蒋卉却从不在朋友圈刷屏，更不会向微信好友群发信息。她只是每天偶尔发一些精心拍过的图片，配上几句自己写的句子，以至于有些微信朋友在她开店半年之后才知道她发的那些美物都是可以出售的。朋友们都说，没见过她这样做生意的。可蒋卉还是老样子，她说，以后如有需要，她会专门注册一个账号作为服务号，发一些产品信息，但现在她并不希望因为自己做生意（刷屏、群发等行为）打扰到别人。微信里都是朋友，她希望别人看到她发的图片和文字都是享受。如果可以，她也希望自己的图片和文字能打动一些人，让他们知道——生活不仅仅是苟且，还有诗和远方。

“与将‘菡时光’做大做强相比，我更希望把它打造成一个大家可以喝茶聊天、分享美物、体验生活的平台，通过这个平台，大家可以认识更多有趣的人和事。”蒋卉这样说道。

风送香

对蒋卉而言，母校是一个绕不开的话题。

在锦城学院，她结识了闺蜜易桐，四年的大学时光促成了她们彼此信任且坚实的友谊，若没有这场相遇、相识、相知，就不会有“菡时光”的存在。

在锦城学院，她和易桐一起学习古代文学、现代文学、西方文学、文化概论等，若没有这样一番习得，她们的文章就不会如此打动人心。

在锦城学院，她们一起参加创业大赛，从写策划书、做财务报表到评估可行性，若非早早思考过创业初期面临的机遇和问题，两个刚刚毕业两年的姑娘不会如此坚定地挽起袖子说“我们可以”。

在锦城学院，她们曾经因为不喜欢网页制作这门课而发过牢骚，殊不知几年之后便会因自己曾经学过而窃喜。

而最让蒋卉感激至今的是她在锦城学院遇见了自己的人生导师——杨骊老师。

蒋卉说，大学之前，她对“好老师”的界定是能激发学生学习兴趣，单单“兴趣”这个词就能让一名老师充满魅力。高考之前的学习、生活都很单纯，到了大学，我们才能第一次睁眼看世界，不再束缚于高考的压力，我们的三观开始形成，这时候，一个好老师的出现很重要。

蒋卉说她一直感到很幸运，幸运地在大学时代刚刚开启时便遇见了杨骊老师，并在整个大学时期得到她的悉心教导。

“敬畏”是杨骊老师教给蒋卉最重要的词语之一，对知识心怀敬畏、对自然心怀敬畏、对众生心怀敬畏。只有心怀敬畏，才不会戾气缠身，才会把自己放到低处，明白自身的渺小。

如今，很多人来找蒋卉聊天，诉说生活中的种种遭遇和困惑。蒋卉会把自己的经历和体验讲给他们听，而她自己也越来越能感知大学时光对她的重要，也越来越知道感恩。

无穷好

经过将近一年的用心经营，在蒋卉、易桐与“菡时光”一起越变越好的同时，也遇到了发展的瓶颈。

空间上的阻隔让两位姑娘的协作效率较低，创新能力得不到最大地发挥，原创手工制品的产量远远达不到需求量，即使采用了预售的方式，也常常是现货还没到就预售告罄。

针对上述问题，两位姑娘也在积极采取措施应对。“菡时光”合肥工作室正在筹备中，蒋卉希望能把线上的流量引一部分到线下，不定期举办一些有趣的活动，组织大家一起玩，她想把“菡时光”真正打造成一个可以喝茶聊天、体验生活的平台。

蒋卉说，若是在一年前，她绝不敢筹备实体工作室，因为打造线下实体工作室意味着需要大量的资金和人力投入，一年前，她什么都没有。可这一年里，通过“菡时光”，她结识了很多兴趣相投的朋友。在大家一起吐槽周末时光太无聊的同时，又各自身怀着一些在蒋卉眼中难得的本领。比如有姑娘是舞蹈老师，后转行做行政，蒋卉希望她能来工作室，带着五六个对身材有要求的姑娘练习跳舞；再比如有姑娘很爱花，也自费参加过花艺培训，对鲜花很有研究，蒋卉希望能组织一个花艺沙龙，大家可以学学如何插花装点生活……这些都是蒋卉的小点子，而这些“菡时光”的客人都已经答应加入进来。在蒋卉和易桐看来，这正是梦想照进了现实。

现代社会，物质生活极大丰富同时，精神世界却在荒漠化，追求了太久物质的我们已经将“美”冷落太久了。总有一天，人们会幡然醒悟，会发觉其实“美”才是值得我们追求的东西。现如今的“菡时光”就像长在荒漠里的一棵树苗，柔弱翠绿初长成。两位“菡姑娘”都是善于发现美、且乐于分享美的人。客人欣赏到了这种美，自然会被吸引，进而将这种对“美”的理解传递。俗话说世上不是缺少美，只是缺少发现美的眼睛。但其实只要有心，每个人的眼睛都能发现美。“菡时光”就是这条寻美之路的引路人，她们用实际行动告诉我们：原来，生活可以这么美。

创造美，分享美。小店“菡时光”就像是荷花一般，虽才露尖尖角，却亭亭净植，给人舒适与美，香远益清，说不尽的无穷好。

岁月繁花，自写一方传奇

——访 2011 级汉语言文学专业“Aphianaix_ 私人馆”淘宝店店主潘熙

执笔：2014 级汉语言文学专业周燕红

指导老师：秦蓁

2011 级汉语言文学专业潘熙

> 唯有光明的未来，能够指引我做梦的方向！坚信我的以后定不负这车水马龙的城市和今日满满的艰辛！
>
> ——潘熙

她，是一个值得描写的人，在阴影背后，她执着勇敢；她，是一个有故事的人，她比任何人都懂得生活容不得半点虚假；她，是一个敢于乘风破浪的人，即使是雨暴风急中，也能从容应对。

潘熙是我们的传奇学姐，也是我们效仿的榜样。在她身上有不可复制的成功，有无数精彩故事，也有无数心酸过往。作为一名大学生，能够成为一个拥有数万粉丝的网络小作家是十分不易的。潘熙在大学期间就已经展示出了与众不同的才气，发表十万字的小说，与多家网站签约，拥有庞大的粉丝群，这些在其他大学生看来可望而不可即的荣耀在潘熙那里都成了不值一提的浮云。带着一身荣誉走向社会，她又选择了暗流涌动的淘宝领域，创业艰难，竞争激烈，她不曾后退与胆怯，不满足于现有的成就，是她不断前进的动力。

校园传奇小作家

潘熙一个不愿走寻常路的新时代女性，是四川大学锦城学院文学与传媒系汉语言文学专业的传奇小作家，系主任口中的才女，也是即使毕业了也一直以网络小作家的身份流传在学弟学妹口中的传奇学姐。

潘熙的辅导员老师对她的评价是：她“是一个懂礼貌、有才华、有追求、有思想、很独立的学生，不是一板一眼读死书的同学，所以她可以成为文传系的小作家。”一个人成功与否其实是有一定规律的，成功的人大多都是有思想、性格独立的人。对于辅导员对自己的评价，潘熙表现得更为谦虚，也表达了对于辅导员老师的关心和感谢，这不难看出她的确是一个情商和智商都很高的人。

既然潘熙是网络小作家，那么就一定得了解一下她的作家之路。在后来的访谈中，我问她当初是因为怎样的契机或者有怎样的想法开始了网络小说的写作。潘熙的回答是“没有”。然后她反问我：“你是为了什么要写这篇采访文章呢？”我的回答很诚实：“为了免修毕业论文。因为一旦采访稿被选中出版就可以免修毕业论文，而我希望我大四的时候能安心准备考研。”听完我说后，潘熙居然说她当时也是为了免修毕业论文，但是她是为了节约出更多的时间来做自己想做的事，并且一开始写就再也停不下来了，一步一步就写成了网络小作家。这是潘熙给我的答案，简单而明了。从潘熙的答案中可以看出她的直率，并且不难发现这位小作家的诞生得益于我们系上一个很有激励性的政策：在国内公开发行的杂志书刊上公开发表了一定字数的文章以及在各类大奖中获得了相应的奖项，就可以免修毕业论文。

不得不说，文传系这项政策确实具有相当大的诱惑性，就是这项政策，激发了很多同学在上课期间就努力地写文章和参加各种大赛的热情。这项政策的成效是显而易见的，现在文传系的学生已经有多位在国内公开的期刊和杂志上发表了多篇文章，也有多位学生成为了网络签约作家，在各类比赛中也取得了骄人成绩。不得不说，文传系的这项政策不仅使同学们的大学生活充实有意义，也无形之中培养了学生的写作能力和创造能力，更是让许多学生提前就在社会上崭露头角，被一些有心的公司和单位发现。

母校回忆千金不换

作为2011级的学生，潘熙毕业也有一段时间了，但是老师们对她的记忆还是很深刻的。曾瑜老师说，去年她们要收集优秀毕业文集，潘熙一次就拿出了好多篇文章来。可见对于母校的事情潘熙还是很上心的。这就像是游子与母亲的关系，“儿行千里母担忧”，母校的老师和领导始终牵挂着那些正在社会上拼搏的学子。走入社会的学生也不会忘记母校的培养与厚望。在文传系，师生关系是十分融洽的，系上所有学生称呼老师都是以姐、哥、妈、爷爷等来称呼，系主任与副系主任被称作“毛建华教授”

"傅爷爷"，而这两位"爷爷"也一直像爱护孙辈般为所有文传学子铺路。"铮姐""天开欧巴"等老师则是能无代沟地和学生互动交流，授业解惑。所以文传系的学生即使已经走出了校园的大门，也始终都会有一群人牵挂着他们，关心着他们。而走出学校的他们也始终把自己当作文传系的一分子，不遗余力支持着学校和文传系的发展。

在和潘熙后来的聊天中，我渐渐地感受到了她对学校的感情，那种发自肺腑的喜欢不是搪塞也不是敷衍。她喜欢学校广严大道两旁的树，喜欢一食堂的兰州拉面，喜欢杏岛餐厅的糖醋排骨，喜欢那个有着四年回忆的寝室……学校的一草一木，对于潘熙来说都是一种美好的回忆。在采访的过程中，我有一种感受，就是潘熙像大多数已经毕业的学生一样，在学校学习的时候不停地抱怨学校这里不好那里不好，但是一旦离开学校进入社会，回想起来的时候就会觉得学校是最好的地方，同时也会发觉同学是最好的依靠，老师是最好的引路人。并且，潘熙也有着大多数人都有的一种普遍想法，那就是，自己可以说母校这里不好那里不行，但是绝对不允许别人说一句母校的不是。这或许就是一种母校情结吧，是一种不言而喻的亲切和一缕远行千里却始终不断的思念。

严谨而活泼的学风对一所学校来说很重要，对于锦城学院的学风，潘熙有着很深刻的感悟。她提到了认真负责的授课老师以及无微不至的辅导员，这些严谨的锦城学院老师一直秉持着对学生负责的态度严格考勤，重视平时成绩。虽说管理严格但并不限制学生，学校合理地安排课程，也为学生留出了充分的自由时间。潘熙也曾是一个不循规蹈矩的人，后来在聊天过程中，潘熙特别坦诚地说她曾经有过逃课的经历，也有过挂科的记录。想想潘熙从一个经常花小心思去逃课、因为某种原因期末挂科、悄悄抱怨辅导员管得太严的女孩子成长为一个独当一面的社会精英，必定是一个相当有趣也是相当艰辛的过程，这个过程当然也离不开学校的引导。

当我问潘熙对学校的什么建筑印象最深刻时，潘熙告诉说："锦城的'小白宫'图书馆不错。"说到锦城学院的图书馆，那就可不只是潘熙一个人印象深刻了。"小白宫"图书馆几乎可以说是锦城学院的地标性建筑，从大门进来第一个看到的建筑物就是它，气势恢宏令人印象深刻。锦城学院的宣传画册、同学们的毕业合照、同学的自拍，锦城"小白宫"图书秀都会成为不二的背景选择。锦城学院图书馆除了外形很高大上以外，馆内配备也是相当完善。学校一直坚持培养良好的学风、校风，鼓励同学们读书，动员同学们读好书。为了给学生提供更多的学习资源，学校的图书馆收藏了各类图书数百万册。有一点值得文传人骄傲的是，图书馆里有很多供同学们阅览的作品都是文学与传媒系的优秀毕业文集。除了大量的实体书资源外，为了适应现在大学生喜欢使用手机看书的习惯，学校的图书馆还特地购买了线上图书资源，并且在图书馆内装上了网速很快的无线网络供同学们使用。所以图书馆就当之无愧地成为了锦城学子印象最深刻地方。

都说母校是一块装满记忆的海绵，收藏了无尽的回忆，有辛酸、有辛苦，当然更多的是幸福、美好，潘熙也不例外。

华丽转身，变身创业之星

如果说潘熙仅仅是一位网络作家，那她也不会有那多精彩的故事，她的人生也不会有如此多的缤纷色彩。身为一名网络作家的同时，潘熙也是一位创业达人。

潘熙的创业过程精彩而艰辛，有着故事和酒的美妙，也有着血和泪的苦痛。

潘熙在大学期间就已经迈出创业的第一步，在竞争激烈的网络平台中铺就了一条属于她的康庄大道，并且在困难的前行中勇敢执着，不断突破自我。

潘熙是从淘宝网店开始做起的，而众所周知做淘宝网店是很辛苦的。当我问到潘熙当初为什么选择淘宝网时。潘熙回答说："因为资金不足，所以才会选择做淘宝网店。"确实，刚走出象牙塔的大学生面临的最大地问题就是缺乏资金和经验。其实很多大学生都是有创业想法和创业动力的，但是现实条件使得他们的创业还没开始就已经结束了。潘熙比较聪明地选择了淘宝创业，虽然很辛苦，但是门槛低、成本低。她大胆地实施计划，将自己的淘宝店做成功了，然后又坚持将成功从线上做到了线下。

如今的潘熙只是取得了初步成功，目前现在的成绩远远没有达到她的预期。聊天时我问潘熙："你的创业为何未达到预期?"她的回答是："工商局还没有给我审批，我的注册账号还没有下来，你觉得能算达到预期吗?"然后补充道："学姐现在一边在创业还要一边攒钱开公司，虽然现在学姐的创业已经有了一定的成果，但是距离创业的最终目标还是有一些差距。"可见，潘熙并没有局限于一个成功的淘宝店或者实体店，而是有更高的目标和追求。

创新校园创意文传

潘熙的创业事例在文传系以及学校中并不是个例，在四川大学锦城学院中，创业创新早就已经成为了一种现象。

十年来，学校坚持不懈地鼓励学生创新创业，为学生的创新和创业提供最大的支持。为了培养学生的创业意识，学校坚持开设《创业学》课程，并且每年定期举办创业大赛，要求每个同学都积极参与其中；为了培养学生的创业能力，学校特别聘请了大量业界精英，让这些有着多年实战经验的教师培养学生扎实的创业能力。为了提供良好的创业平台，学校更是为学生做了两手准备，在校内，文传系成立了仿真实训公司和实训平台；在校外，学校为同学们积累了股东企业和五百多家友好合作企事业单位的社会关系和人脉资源。这一项项的措施正是今天锦城学院在创业这一方面取得如此成就的有力保障。

以梦为马挥鞭未来

在这个对女性的要求要普遍高于男性的社会中，女性创业成功的背后必定有更为艰辛的付出。作为女性创业者她们要练就一身硬本领，上得厅堂下得厨房，作为女性创业者她们要磨炼一颗坚韧的心，从容应对所有偏见与困难。潘熙作为一位新时代的创业女性，并且是创业成功的女性，可见她是一位智商情商双高的女性。在锦城学院，潘熙不是一个创业成功的个例，在文传系她不是一个女性创业成功的个例。四川大学锦城学院一直以最先进的教学和育人理念为基石，所以一直提倡创新全员参与，创业不分性别。文传系是一个女生很多的系，可能在很多人眼中文传系的女生优雅娇柔并不能承担创业的艰辛。但是让所有人都刮目相看的是，文传系的创业成果众多，女性创业成功的例子更是不胜枚举。文传系一直鼓励所有人都要有创新意识，每个人都要有创新的勇气。文传系要培养的是既有扎实的文笔功底又有活跃的创新思维更要有坚韧的吃苦精神的多面人才。

整整十年，十年的风雨兼程，十年的辉煌光辉岁月。文传系以十年磨一剑的决心交出了一份完美答卷，孜孜不倦的老师，勤奋刻苦的学子，高瞻远瞩的领导共同铸就了锦城十年的辉煌。文传学子硕果累累，无数创业成功的学姐更是用实力和事实向所有人证明“女子也能撑起一片天”！

兴趣，是一种甜蜜的牵引

——访2011级新闻学专业四川少年儿童出版社签约作者程一铭

执笔：2013级行政管理专业李长乾
指导老师：王大江

2011级新闻学专业程一铭

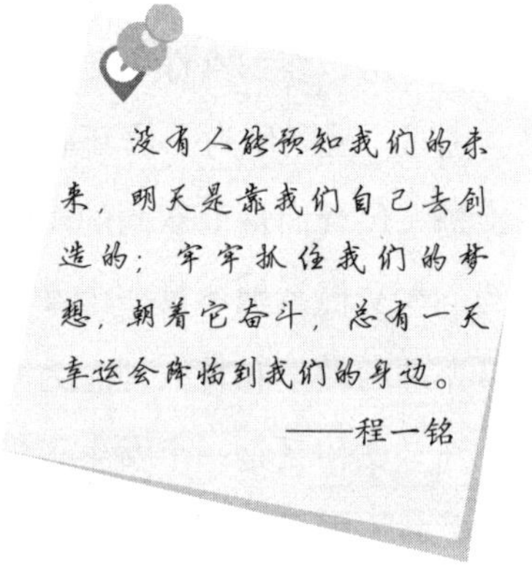

她是一个天生就喜欢看书、写作的女孩，从小到大，写作就是她最大的兴趣。她还是一个有着少女梦的儿童读物作者，至今已连续出版儿童读物18本，总字数超过300万字，每本销量更是高达20余万元，其中代表作《魔术师物语》系列丛书更是累计销售超过100万元。不仅如此，她举办的个人签售会还受到了众多粉丝的追捧，如今已拥有数万名读者粉丝。在大学期间，她所获得的奖项、荣誉证书数不胜数，其中有“优秀标兵”“文传杰出青年”“十佳优秀共青团员”等。同时，她还是“国家一级奖学金”和“院长特别奖学金”两大奖学金的得主。她，就是90后蔷薇书系掌门人——程一铭，一个真正的梦想家。

卸下光环的背后

“其实写作不是个很难的事情，难在行动，大部分人看书都会把自己带入进去，或者看到自己很喜欢的内容，会下意识去模仿或者想象，写东西是很容易影响他人的，但是，想的人很多，只不过写出来的人很少。”程一铭说。

还没采访程一铭之前，她的名字早就红遍了文传系，甚至在全校，她都是名副其实的校园名人。还是一名在校大学生的她，就已经单独出版了18本书籍，其中17本是在大三前创作完成的，平均每年出版5.3本书，这样的成绩实在是令人震惊。她的代表作《魔术师物语》系列一共连载出版6本，销量更是超过100万元。一位刚20岁出头的大学生就能取得如此优异的成绩，让人不得不对其背后的故事产生浓厚的兴趣。

在老师眼里，程一铭是一个非常有才华而且人缘特别好的学生。难得的是，不同于一般特别优秀的人，她不是孤傲的，能跟同学打成一片，性格也很随和。虽然比起同龄人她有更多的光环，但是在学校，她不把自己当什么人物，更不喜欢把成就挂嘴上。平日，陈一铭跟所有同学一样，聊着学习和生活，能够很好地融入到同学之间，也非常受大家的欢迎。当然，程一铭最大的不同之处，是通过写作闯出了属于自己的一片天地。

在程一铭心中，成为一名兼职作家是她最大的梦想，她喜欢写作，连做梦都想写，就这么简单。

有人说最好把一个人的爱好和职业尽可能地分开。就如程一铭给自己的定位“不把写作当成职业”。也许正是只把写作当成一种兴趣、爱好，程一铭才能不厌其烦地坚持创作 300 多万字吧。

程一铭也想过，如果把写作当成职业或者饭碗，那么自己每天的创作目的就会变成绩效、奖金等。这对于一个喜爱创作的人来说是一件多么可怕的事，在某种程度上来说，这会扼杀一个有创意的人才。所以，程一铭非常坚决地说她不会把写作当成职业，因为梦想不需要枷锁。

兴趣是无形的财富

程一铭一开始想写青春文学，但是又觉得儿童读物这个平台更宽，可以不管现实，天马行空，想到什么就写什么，幻想的空间更多，更符合她一贯的风格。“其实我们小时候都看过童话故事，也觉得是真的，因为童话是充满幻想的世界。就算我们现在成年了，明白这都是虚幻的世界，但是虚幻不代表就要让它破灭”。所以，程一铭出版的第一本书就是典型的王子公主式读物。

作为一名儿童读物的作者需要丰富的想象力，因为儿童的世界就是单纯、奇幻、天真的。只要从读者的角度去思考，就会发现应该如何构思、如何写作。当然，好的故事不单单来源于丰富的想象力，还要依靠平时生活中点点滴滴的积累。程一铭从小就喜欢看书，特别是奇幻小说。她不仅爱看，还更爱写，小学就常常被老师夸奖作文写得好。看书写作是她从小的兴趣爱好，后来渐渐地养成了一种习惯，就是这样日复一日年复一年的阅读和写作，造就了她厚实的写作功底。

创作的灵感来源于日常的生活。所以，体验生活，从生活中寻找好的创意也成了程一铭的一大爱好。能够在四年之内创作并出版十余本书籍，一个不可或缺的好习惯就是她会随时用笔记录下身边发生的各种趣事。每当她觉得某件事很有趣或者很独特的时候，她都会第一时间用笔记录下来，记录这些故事的笔记本估计有30余本。她不只是记录在笔记本上，就连高中每次考试过后发下来的机读卡后面都会被她密密麻麻地写满灵感。她还喜欢摘抄句子，把别人写得好的、有意义的和自己喜欢的都摘抄下来。她说，这就是自己的爱好，并没有其他的目的，久而久之无意间就积累了创作所需的大量材料。

“我爱写作，更爱生活，写作成了我生活中不可缺少的部分。也因有了它，才使我的生活更加美好，更加幸福。”

机会是留给有准备的人

在高中的时候，程一铭就积极向学校校报投稿，虽然前几次没有成功，但在她努力提升自己写作水平和坚持投稿的情况下，终于成功地将自己的文章一篇又一篇地发表在了校报上。初露锋芒的她吸引了学校许多人的目光，老师们的认可、表扬以及周围同学投来的羡慕目光，都让当时的她感受到写作给她带来的快乐和幸福。

到了大学，程一铭有了更多可以自由支配的时间，平时在校主要完成稿子的构思和提纲，到了寒暑假就正式写稿，大学期间共出版16本书籍。正是由于这样的优异表现，程一铭才会成为“国家奖学金”和“院长特别奖学金”的得主，全专业的同学和老师也都为她感到高兴和自豪。程一铭一直以来的创作历程也是典型的兼职创业者奋斗史，谈到她的创业经历，就不得不说那些发生在她创作路上的故事。

最初，程一铭只是喜欢把自己脑袋里的那些奇思妙想用文字的方式记录下来，随着时间一长，她写下来的东西越来越多。在妈妈的建议和帮助下，程一铭试着把自己平常写的手稿重新整理修改，装订成一本奇幻故事集。看到眼前这本似乎闪烁着智慧光芒的原创故事集，程一铭心里美滋滋的，脑海里也隐隐约约地冒出一个想法：如果能把我创作的这些故事分享给其他人，是不是会给更多的人带去快乐呢？自从这个想法在程一铭的脑海里冒出后，就一天比一天强烈，她想要出版一本自己创作的书籍。

“有花堪折直须折，莫待无花空折枝”。偶然的一次，程一铭在网上看到了四川儿童出版社寻找优秀儿童读物作者的招聘广告，看到这个信息，程一铭的内心很激动，她终于发现了一次绝好的机会，在她心里不断地暗示、鼓励自己一定要抓住这次难得的机遇。

说做就做，程一铭拿起手机，拨通了四川少年儿童出版社的电话，在和对方表明自己想要通过出版社帮助自己出版书籍的愿望后，对方解释道要按照流程来，也就是需要程一铭先向出版社投稿，如果能顺利通过出版社工作人员的要求和审核，那么程一铭就有机会和出版社签约合作。当听到这个回答时，程一铭脑子一转，如果能和出版社签约合作，那自己出版书籍的事自然也就水到渠成。想到这里，程一铭高兴得乱蹦乱跳，她觉得第一次离自己的梦想那么接近，仿佛全世界都在朝她微笑，有梦想的感觉真好，她说那次她感到了从未有过的兴奋和激动。

但是好事多磨，程一铭向出版社的第一次投稿并不顺利。在向出版社投稿之后的两个月时间里，她没有收到出版社的任何回复。等待结果的过程是煎熬的，各种猜测不断地从她脑海里冒出。难道我的作品不够有新意？难道编辑们不喜欢我的创作风格？难道我的内容不够吸引读者？不愿意坐以待毙的程一铭再次拿起电话拨了过去。“不好意思，您提交的稿子目前还没有通过我们出版社的审批要求，谢谢您提供的稿子……”

还没等对方讲完，程一铭就把电话挂了，一下“瘫”坐在床上，心里空空的，顿时感觉整个世界都黑暗了。她从小爱好写作，坚持了这么多年。几乎把所有的希望都压在了这条路上，出版社的拒绝无疑给他头上泼了一盆冷水“是放弃坚持多年的梦想，还是选择继续披荆斩棘努力向前?”

那晚，她一夜未眠，翻来覆去，心事重重。

机遇只垂青那些懂得怎样追求它的人，人抛弃机会的次数，绝对多于机会抛弃人的次数。在经过一晚的反省和思考之后，第二天程一铭像打了鸡血似的，一大早便开始认认真真地修改自己的手稿，准备再一次向出版社投稿。她独自坐在书桌前，手里的笔不停地转动着。到了晚上，书桌旁的台灯就像梦想的灯塔一样指引着她努力向前。这次她不去想结果会是什么，只想拼一把、搏一回。她说："要尽我所能地去拼搏、去奋斗，为了梦想付出什么都值得，如果不那样做，我怕未来的我会反感当初软弱的自己。"

就是凭借着这股坚持不懈的狠劲，终于，程一铭的第二次投稿取得了成功，顺利通过了出版社的审批。四川少年儿童出版社决定和她签约，并且承诺帮助她出版书籍。很快，程一铭人生中的第一本书籍《所罗门王之匙》成功出版。谈起那次经历时，她说："其实每个人都多多少少会遇到这种机遇，要看你发现没有，发现了的话就看抓住了没有，真要铁了心，肯定有机会。"的确，这就是为什么不是每个人都能随随便便成功的原因，因为很多人在成功之前就已经放弃了。

梦想是一种信念

梦想是一缕阳光，驱散追梦者前行的阴霾；梦想是一泓清泉，洗净追梦者心中的铅华。追吧，展开梦想的翅膀去追吧。只有勇敢行动、坚持不懈、善于思考的人，才能进入梦想的辉煌殿堂。

如今的程一铭，凭借着代表作《魔术师物语》和《元素传说》，已经成为了一个较有名气的儿童读物作者，还是大家公认的90后蔷薇书系掌门人。尽管取得了傲人的成绩，但她也认识到自己还在追梦的路上，所以时常用自己写的话鞭策自己："如果一个人的愿望足够强大，就可以改变风的方向、物体的大小，甚至天空的颜色。不相信的人之所以无法改变，是因为他们的愿望不够强大。”

我们大多数人一辈子碌碌无为，不是不想成功，也不是不够努力，而是想成功的渴望还不够强烈，为成功所付出的行动还远远不够。程一铭最喜欢的一句励志名言是“你对成功的渴望，只有如同你溺水时对呼吸的渴望，那样你才可能成功”。若一个人对成功的渴望已经如同对生命的渴望一样了，那他怎么可能不会成功呢？这种对梦想和成功的渴望是支撑她坚持下去的信念。她说：“人的一生中在不同阶段会有不同的梦想，有的梦想可能过于遥不可及，但是年轻的时候就要敢于尝试。”

程一铭最近一次向出版社投稿是自己写的随笔，但是被出版社“毙了”。对于现在的她来说，觉得这是再正常不过的事了。她也没有觉得这是困难或者挫折，更没有任何想放弃的念头。在她看来，不断努力，坚持自己喜欢做的事，是一件很自然的事，因为她对梦想的渴望足够强烈，愿意付出自己的汗水甚至泪水。

创作过程中也会经常遇到瓶颈，有时候没了灵感或者疲倦了，程一铭会选择用玩小游戏的方式转移注意力，让自己大脑休息一会儿。因为并不是每一次交稿都会轻易通过编辑的审核，有时候交上去的初稿质量不够高，编辑就会先肯定、赞扬，然后指出稿子所存在的种种问题。程一铭说，编辑们越是这样委婉地批评越是让自己感到愧疚。面对压力，程一铭会变得更有动力，会加倍地认真和努力。

逐梦路上不孤单

在程一铭看来，自己今天所取得的成绩离不开母校的培养。文传系“以写作为核心竞争力”的培养理念，在重点培养学生写作能力的同时更设有如“彼岸传媒”等诸多实训平台，给同学们创造了一个交流心得、学以致用的氛围和环境。在这种培养模式下，程一铭的写作能力得到了实质性地提升，还激发了她不断创作的决心。

创作不是一件易事，坚持更是一件难事。在创作路上，程一铭不仅有梦想的驱动力和粉丝的鼓励，更有妈妈的支持。妈妈一直以来的理解和支持也是她在创作路上的一个精神支柱。小时候，程一铭就是出了名的爱看书，而她妈妈则会给她买很多很多的书。陈一铭最喜欢虚幻类的故事，四大名著中最喜欢的就是《西游记》，她五岁就看完了拼音版的西游记。程一铭对梦想的执着也感动了妈妈。所以和一般的家长不同，妈妈总是一如既往地支持着她的选择，不仅不会逼她做任何事，而且还在程一铭身后给她鼓励。

粉丝们对程一铭的影响也是积极的。正是有了那群可爱、忠实的小粉丝，才让程一铭在创作的道路上不孤单。如今，她的粉丝人数已经过万，主要通过官方 QQ 群、微博、微信等渠道和他们取得联系。这些年龄不大的粉丝，在给她的留言中有许多令程一铭感动不已的话语。比如一个粉丝留言：“当我不开心的时候，看你的书我就会感到无比的自在和满足，你的书带给了我们很多欢乐，我们今后也会全力支持你，让我们一起加油。”

这些简单而温馨的语言给了程一铭很大的鼓励和信心，她和粉丝们的关系也很好，就算是在很忙的时候也没有疏远过他们。她知道，粉丝们需要她，当然她也很需要粉丝们的陪伴。在 2013 年的卡弗动漫游戏展现场，程一铭还专门为粉丝们举办了个人签售会，那次签售会的场面十分火爆，排队等候签名买书的人望不到头。粉丝们的热情支持和真情表露使程一铭的内心深受感动，在让她难忘的同时，也让她更加感谢和珍惜粉丝给她带来幸福和快乐。对于一直陪伴和支持自己的粉丝们，程一铭说：“他们就像我的朋友、家人，我会继续努力创作，把更好的作品带给他们，为他们送去更多的快乐和希望。”

未来，且行且珍惜

梦想是成功的摇篮，只有不停地追求梦想才能成功。对于未来，程一铭还想继续写随笔和旅行日记，她想真正地把自己写的东西和思想分享给更多的人。对于作品的看法，程一铭希望自己的作品能给少年、儿童更多的幻想空间，即使知道故事是假的，也要抱有这种美好的、粉红色的梦想。比起创作儿童读物，写随笔和旅行日记更让程一铭感觉自在。因为不用紧跟大纲，所以可以更自由、更随性地创作，还比较贴近现实生活。其实写随笔和旅行日记一直是程一铭最想尝试的。现在的程一铭更讲究喜欢就去做，不一定非要出版或者取得成功，毕竟写作是她最大的兴趣爱好，也是她梦想道路上最好的伙伴。

尝试写随笔和旅行日记是一个新的起点和转折点，程一铭说自己最喜欢的作者是季羡林先生，也希望能写出《季羡林日记》那样的随笔。程一铭表示，自己在创作思维方面的转换其实是一个非常自然的过程，以前需要丰富的想象力和创造力，而现在则需要细心去品味生活百态，从平凡中寻找生命的真谛，描述真人、真事，发现美好。她说：“未来的路还很长，不可预知的事太多，我能做的就是把握当下，从小事做起，一步一步地成长。只要梦想还在，我就不会停止前进的脚步。”喜爱写作的她希望自己的创作灵感永不枯竭，这样就能写出更多、更好的作品。

追逐梦想需要坚持。漫漫人生路，会遇到无数的困难，怨天尤人无济于事，长吁短叹于事无补。只有在与困难抗衡的过程中，才能不断地超越自我、积极进取，才能在人生的道路上走得更远，绽放出绚丽多姿的人生之花。程一铭继续在逐梦的道路上前进，让我们一起祝福她！

后 记

《走出象牙塔 文传创业之星》一书为您讲述了23位四川大学锦城学院“文传青年”的创业故事。

在这个“大众创业、万众创新”的时代，创业是很多当代大学生的梦想。本书收录的这一个个鲜活的创业案例，也许可以让正在荆棘丛生的创业道路上跋涉的人看到更多的希望，而正准备创业的青年学子们，希望本书能为您带来正能量，帮助您学习创业经验，历练心理素质。

自2014年10月开始，文学与传媒系学生科就跟踪、调查、联系、搜集系上2005至2011级的毕业生信息，从中挖掘出40多位优秀创业校友，再从中选出有一定代表性的创业校友作为采访对象。同时，再从自愿报名的在校学生中挑选出12名担任采写作者，并配备10名指导教师，历时4个月，最终完成了23篇采访稿。在统稿阶段，曾瑜老师编辑7篇采访稿并完成了全书目录的编排、三个部分分类概要的起草和封面设计、印刷出版的相关组织和衔接工作；林燕老师编辑了8篇采访稿并起草了后记；胡雅妮老师编辑8篇采访稿文章并起草了序。

成书之际，我们对在采写、编辑、印刷、出版本书过程中给予过大力支持与帮助的诸多朋友和校友，表示由衷的感谢！

特别要感谢天津大学出版社西南分社社长、首席策划编辑崔成山先生。在崔先生的鼎力支持下，本书才能作为高等院校创业教育的辅导教材如期出版。

正是因为有这样一批感恩文传、心系锦城的校友，有这样支持大学生创业、关心创业教育的社会有识之士的帮助，此书才能有幸与读者见面。

一路走来，感谢有您！

四川大学锦城学院文学与传媒系 编者

2016 年 2 月

教学支持

2015 年政府工作报告将大众创业、万众创新列为我国经济增长的“双引擎”，国务院办公厅又先后下发若干推进“双创”的指导意见……可以说，我国已经进入新中国成立以来最佳的创新创业期。

四川大学锦城学院以“止于至善”校训自励，办“三讲三心”明德教育、“一体两翼”知识教育、“三练三创”实践教育。其中“五位一体”的创业教育更好地说明学校对创新创业教育的重视和支持，是积极顺应大众创业、万众创新的时代要求。

创新创业教育实质是“企业家能力”的教育，核心的提升个人的社会责任感、创新精神、创业意识和创新能力，将人才培养、科学研究、社会服务相结合，本套丛书写作的动因，即是此现实之需要。能有幸与四川大学锦城学院合作出版此套中国梦引领下创新教育系列丛书，实则是我西南分社的荣幸，“为作者出好书，为好书找读者”是天津大学出版社全体员工始终遵循的企业文化精神，我们将一如既往继续努力为社会奉献出更多更好的作品。

同时，也欢迎社会各界有出版意向的仁人志士与我处联系，或投稿或洽谈出版合作等，我们将为诸位提供更优质的服务或展示平台，期待您的来电。

通信地址： 天津市南开区卫津路92号天津大学出版社　分社办公室

邮　　编： 300072

电　　话： 022－27402661（总部）　028－86707829（西南分社）

E-mail： ccshan2008@sina.com

联 系 人： 崔成山